Il y a urgence !
Les géographes s'engagent

Sous la direction de
Florian Opillard et Thibaut Sardier

Il y a urgence !
Les géographes s'engagent

CNRS ÉDITIONS
15 rue Malebranche - 75005 Paris

ISBN : 978-2-271-14835-3

Introduction

Spatialiser l'urgence, politiser nos choix

Florian Opillard et Thibaut Sardier

Une minute trente avant minuit. Quatre-vingt-dix secondes. Dans ce compte à rebours, rien à voir avec une Saint-Sylvestre joyeuse où l'on trépigne à s'embrasser. S'il faut chercher du côté des émotions, c'est plutôt d'angoisse qu'il s'agit. Car cette horloge qui affiche 23 heures, 58 minutes et 30 secondes est celle… de la fin du monde. Élaborée par l'ONG américaine Bulletin of the Atomic Scientists, elle évalue l'ampleur des menaces qui pèsent sur l'humanité et donne une mesure métaphorique de la durée qui nous séparerait de l'apocalypse, lorsque les deux aiguilles se rejoindront pour former le minuit fatidique. Et si l'heure est particulièrement grave, c'est qu'il n'a jamais été aussi tard. En 2023, sous l'effet cumulé des crises écologiques, de la guerre en Ukraine ou de la prolifération nucléaire, le laps de temps disponible s'est réduit de 10 secondes.

La fin semblant si proche, il pourrait être tentant de tout lâcher et, perdu pour perdu, d'aller au bout du macabre réveillon qui nous conduira dans le mur. Mais le cadran a une particularité : il est l'un des rares qui peut se mettre à tourner en sens inverse, si nos choix collectifs contribuent pêle-mêle à l'atténuation de la menace nucléaire, à la baisse drastique des émissions de gaz à effet de serre, à la restauration des milieux naturels dégradés, à la protection de la biodiversité, etc. Autrement dit, en ces temps où l'ampleur des crises peut entraîner du découragement, l'horloge de la fin du monde sonne presque comme une bonne nouvelle (pour peu qu'on soit d'un naturel optimiste) : la situation est désespérée, mais pas inéluctable. Mais il y a évidemment *urgence* à agir. Et c'est pour cela que ce mot, qui sature parfois notre débat public, est au centre des réflexions de ce Festival International de Géographie 2023. Le FIG, pour les intimes.

Parce qu'elle nous parle d'abord de temps, qui passe plus ou moins vite, l'urgence ressemble plutôt à une notion pour historien. Pourtant, la géographie affleure vite. Dans son livre *Après le changement climatique, penser l'histoire* (Gallimard, 2023), l'historien indien Dipesh Chakrabarty interroge les effets des crises écologiques sur notre conception du temps. Il insiste notamment sur le fait que l'échelle de temps habituelle des historiens, quelques siècles ou quelques millénaires, est désormais insuffisante. Depuis la Révolution industrielle, et plus encore depuis la globalisation de l'économie dans la seconde moitié du XXe siècle, les activités humaines modifient tellement les cycles bio-géochimiques de la Terre que l'on assiste à un télescopage : des phénomènes qui se déploient à une échelle de temps humaine ont une influence sur des équilibres qui renvoient à l'histoire de la vie sur Terre, voire à l'histoire de la Terre elle-même. Les cycles du carbone ou de l'eau sont perturbés, des matières premières sont prélevées, des sols sont détruits… la liste pourrait être allongée. L'espace géographique physique, que l'on a pu considérer comme l'arrière-plan ou le décor stable dans lequel pouvaient se déployer à l'envi les activités et les aménagements humains, est en réalité transformé par les sociétés, qui prennent aujourd'hui conscience de leur vulnérabilité face à certaines perturbations ou dégradations irréversibles.

La relation entre les sociétés humaines et leurs milieux est au cœur de l'analyse géographique. C'est la raison pour laquelle des chercheurs de cette discipline ont travaillé la notion d'anthropocène, qui désigne la période géologique actuelle dans laquelle l'activité humaine est considérée comme une force géologique à part entière. Ce terme fait l'objet de critiques, car il rend l'humanité entière responsable des crises écologiques, sans cibler plus précisément l'impact du capitalisme, des pays développés, ou encore des systèmes d'exploitation coloniale. Ces critiques ont ainsi respectivement suscité la création des notions de capitalocène, d'occidentalocène et de plantationocène. Mais « anthropocène » a le mérite, si on en accepte une lecture complexe qui accueille les sous-catégories ci-dessus, de montrer que l'industrialisation et l'urbanisation rapide du monde de ces deux derniers siècles ont été, et sont, des facteurs de transformation des territoires : la construction de nos métropoles, de nos espaces périurbains, des réseaux de transport ou de communication, ou encore la production alimentaire, exigent l'utilisation de ressources (en hydrocarbures, métaux rares, produits miniers, matières premières…) qu'il faut bien puiser quelque part. L'environnement n'est pas indépendant de ces perturbations.

Alors, que pouvons-nous faire lorsque certaines ressources devenues indispensables à nos déplacements ou à nos activités économiques se raréfient, et coûtent plus cher aux ménages ou aux États ? Que faire lorsque les aménagements urbains, de plus en plus vastes et complexes, se font aussi plus fragiles ? Que faire lorsque les « externalités négatives » liées au fonctionnement de nos espaces (pollution atmosphérique, déchets, inégalités sociales…) fragilisent les conditions de vie des habitants de la planète, qu'ils soient humains ou non humains ? Et que faire, enfin, lorsque tous ces phénomènes s'imbriquent ?

C'est sans doute là que surgit la dimension géographique de l'urgence. Elle se traduit par la prise de conscience qu'une évolution de nos organisations sociales, et donc spatiales, s'impose. Autrement dit, il s'agit de se pencher sur nos capacités collectives à faire évoluer les structures spatiales. À toutes les échelles, et avec tous les acteurs des territoires, puisque cela va du fait d'aller acheter des légumes frais en circuit court à l'installation de réseaux de transports publics fiables et peu polluants, de l'organisation de la décarbonation de nos systèmes énergétiques à l'organisation d'assemblées démocratiques permettant de décider collectivement des voies à emprunter.

Une précision terminologique s'impose. Les géographes, coutumiers de l'analyse des conséquences spatiales des transformations sociales, préfèrent généralement étudier les « crises » plutôt que de parler de l'« urgence ». Moment de paroxysme, souvent soudain, parfois installé dans la durée, la crise est un objet privilégié de la géographie parce qu'elle révèle l'inégale labilité des espaces et des organisations sociales, lorsqu'ils sont soumis à l'évènement et à la désorganisation. La crise, quand elle survient, interrompt le cours normal des choses et réassigne des fonctions, souvent de manière sporadique et mal adaptée, à des organisations et leurs représentants. On pense bien entendu à la crise sanitaire liée à la Covid-19, qui a bouleversé en quelques semaines l'organisation spatiale des services d'urgence des hôpitaux, tout comme celle des réseaux d'approvisionnement en masques ou, plus tard, en vaccins. Elle a aussi fait peser sur les « premières et premiers de corvée », infirmières, caissières, livreuses, agricultrices (pour une fois, mettons tous ces métiers au féminin), la charge de « tenir » le pays.

L'urgence, elle aussi, produit des transformations sociospatiales, selon des temporalités et des intentionnalités distinctes. Au lieu d'attirer exclusivement l'attention sur l'adaptation post-crise, l'urgence porte en même temps le regard du chercheur sur le moment qui la précède, celui de l'analyse et de l'anticipation de nos vulnérabilités. La crise écologique est peut-être la meilleure révélatrice de ce double regard : puisqu'on en voit déjà les conséquences, nous réagissons comme en temps de crise ; parce qu'on peut encore l'atténuer, nous devons nous adapter au plus vite à ce qui pourrait arriver.

Si l'urgence est aussi forte, c'est aussi parce que nous avons tous ce mot à la bouche. S'il est bien un terme qui revient régulièrement dans les outils de gouvernance des États ; s'il est bien un terme destiné à interpeller sur le caractère insoutenable de nos modèles économiques ; s'il est bien un terme utilisé pour qualifier la crise écologique, climatique et sociale, c'est l'urgence. État d'urgence, urgence écologique, urgence sociale. La profusion du recours à cette notion mérite que nous y portions notre regard. Il s'agit pour ainsi dire d'analyser les formes de « mise en urgence », de comprendre ce qui fait urgence, et d'observer qui est en position légitime de la qualifier, voire de l'imposer et de la mettre à l'agenda politique et médiatique.

Qui décide de ce qui est urgent dans chaque territoire (un village, une région, un Etat, la planète…) ? Voilà sans doute la question qui sert de clef de voûte à toutes ces problématiques. Si la géographie peut être présentée comme une discipline « engagée », c'est probablement par les réponses qu'elle y apporte. D'un côté, les géographes documentent le réchauffement climatique, la précarité et la vulnérabilité de certaines populations. De l'autre, ils et elles invitent à traiter la question en prenant en compte la totalité des acteurs en présence, avec la conviction que c'est en prenant le temps de choisir collectivement les moyens de faire face, que l'on prépare le mieux l'avenir.

« Il n'est pas trop tard pour agir, mais... »

Entretien avec Magali Reghezza-Zitt

Pour la géographe Magali Reghezza-Zitt, une chose est sûre : nous allons tous vivre les conséquences du changement climatique, et les premiers touchés seront souvent les plus précaires. S'il y a urgence, c'est parce que nous pouvons encore agir pour éviter le pire. Et pour cela, il va falloir fixer le cap démocratiquement.

A-t-on encore le temps et les moyens d'agir à la mesure de l'urgence climatique ? Spécialiste de la grande crue de la Seine en 1910 et membre du Haut Conseil pour le climat, la géographe Magali Reghezza-Zitt le croit : si elle n'a de cesse d'alerter sur la gravité des crises écologiques, elle insiste également sur les pistes d'action : puisque le changement climatique est à 100 % d'origine humaine, alors nous avons aussi une marge d'action de 100 %. Et selon elle, la réponse sera d'abord politique. Nous devons d'urgence débattre afin de pouvoir décider collectivement de la façon de répartir les efforts. Car la sobriété ne doit pas mener à la précarité, de même que la résilience ne doit pas se limiter à un immobilisme fataliste.

Quels sont les éléments qui rendent incontestable notre situation d'urgence climatique et environnementale ?

C'est la convergence de deux éléments : le dernier rapport d'évaluation du GIEC (Groupe d'experts intergouvernemental sur l'évolution du climat) précise clairement les enjeux de l'urgence d'une action climatique, et au-delà, d'une action de soutien à la biodiversité, qui est la grande oubliée du sujet alors qu'on assiste déjà à son effondrement. La trajectoire qu'entraînent le niveau actuel de nos émissions et la rapidité des disparitions d'espèces constatée dès aujourd'hui conduit à des dommages tels que les capacités d'adaptation des sociétés atteignent des limites. Passé un certain seuil, des réactions en chaîne vont se produire et on assistera à un emballement devant lequel nous serons impuissants. On peut parler d'urgence car bien que nous ayons des certitudes sur ces trajectoires, elles ne se réaliseront pas forcément en fonction de nos initiatives. Selon la science, il n'est pas trop tard pour agir, même en sachant que la fenêtre d'action se réduit. Ce sont les actions entreprises aujourd'hui qui vont déterminer le futur climatique et celui de la biodiversité. Nous avons donc un diagnostic et si nous appliquons dès maintenant les traitements existants, efficaces, et accessibles, pour lesquels nous disposons de financements dès à présent, on évite la catastrophe.

Serons-nous égaux face à ces bouleversements ?

L'urgence est également une question éthique. Les impacts du changement climatique et de l'effondrement de la biodiversité ne seront pas les mêmes pour tout le monde, ils ne seront pas justement partagés, pour des raisons de vulnérabilité et d'exposition. Les premiers touchés, les plus exposés seront ceux qui vivent dans les pays de la zone intertropicale. Il s'agit des habitants de pays majoritairement en voie de développement, qui peuvent connaître des situations de pauvreté aiguë ou des difficultés chroniques. Cela concerne plus de trois milliards de personnes. À l'échéance de 2050, même si on ne dépasse pas le + 2 °C, un milliard d'êtres humains vivant près des littoraux devront se déplacer, afin d'éviter de mourir victimes d'inondations, d'ouragans ou d'être confrontés à des situations sanitaires invivables. On l'a vu pendant la crise du Covid-19 : nous n'étions pas tous égaux face au virus. Selon que le sujet est âgé ou déjà malade, les conséquences peuvent être beaucoup plus graves. C'est la même inégalité face à des canicules ou des inondations…

On peut appréhender ce problème sous l'angle de la justice climatique. Cet aspect a été beaucoup porté par les études postcoloniales, qui ont documenté la notion de dette environnementale envers ceux qui ont été colonisés. Les Occidentaux sont allés prélever dans ces pays des ressources qui ont fondé leur richesse d'aujourd'hui. Elles ont permis toutes les révolutions industrielles du XIXe et du début du XXe siècle qui furent de grandes émettrices de carbone. Et aujourd'hui encore, beaucoup de nos industries polluantes sont délocalisées dans les « pays du sud », tout comme nous y exportons une partie de nos déchets. Pourtant seuls les pays riches ont les moyens et le pouvoir d'agir pour se protéger et protéger les autres. Enfin, nous ne pouvons plus considérer que ces catastrophes ne se produisent qu'ailleurs. Le changement climatique, dû à une accumulation sans précédent de CO2 dans notre atmosphère, produit des effets irréversibles : cela nous concerne donc ici et maintenant.

Et les catastrophes naturelles gagnent en intensité et en fréquence…

Ces catastrophes ont longtemps été vues comme des fatalités qui ne frappaient que des pays défavorisés, ou des malédictions qui s'ajoutaient aux guerres et à la misère. Cela fait pourtant longtemps que les géographes ont montré que les sécheresses en Afrique, par exemple, étaient une conséquence directe du changement climatique. Les médias se sont concentrés sur les questions de médecine d'urgence et les réponses humanitaires des ONG en première ligne. Or, depuis une vingtaine d'années, les effets chaotiques du climat se produisent dans des pays riches comme les États-Unis, l'Australie, le Japon... Cela a commencé avec Katrina en Louisiane, en 2005. En France, on peut citer la tempête Xynthia en 2010 qui provoqua une cinquantaine de morts, les inondations de Vaison-la-Romaine, la tempête Alex, jusqu'aux mégafeux dans le Sud-Ouest en 2022 ou la sécheresse en 2023. L'idée qu'en France on meurt déjà du changement climatique n'est pas encore assez ancrée dans le discours médiatique, ni même dans le logiciel de l'action politique.

Aujourd'hui, même quand la catastrophe se produit dans un pays du Sud, les pays du Nord sont touchés : c'est le cas du tsunami de 2004 dans l'océan Indien et en Asie du Sud-Est. Le géographe Bernard Debarbieux, dans un très beau texte publié en 2005 dans le journal suisse *Le Temps*, « Le tsunami de l'océan Indien, la première catastrophe naturelle mondialisée ? », montre que non seulement cette catastrophe faisait irruption dans un « paradis » selon l'imaginaire occidental mais que pour la Suède, par exemple, elle représentait un traumatisme national, l'une des pires catastrophes naturelles que le pays ait à déplorer avec 543 décès, parmi les touristes sur place. Puis il y a eu, en mars 2011, le séisme et le tsunami de Fukushima, qui a tué 25 000 personnes et qui nous a interpellés car une catastrophe naturelle qui se produit dans un pays riche peut prendre encore d'autres dimensions à cause de la présence de centrales nucléaires. Ces catastrophes de « l'ailleurs », chez les autres, nous rappellent notre propre vulnérabilité.

Face à cette urgence, a-t-on amorcé le début d'une transition écologique ?

On a réussi à tenir nos engagements dans le cadre de la stratégie bas carbone de justesse, d'une part grâce au Covid, mais aussi parce que nous avons baissé nos ambitions. Nous avons eu la chance d'avoir un hiver 2022-2023 doux, donc on a consommé moins d'énergie, et un plan de sobriété a été lancé face à la crise. Mais si on avait vraiment engagé la transition énergétique ces trente dernières années, si on avait réellement réfléchi durant ces dix dernières années à la façon de sortir des énergies fossiles, on aurait aujourd'hui moins de problèmes et plus d'options. En France, le débat se focalise sur une énergie déjà décarbonée, le nucléaire, mais on oublie que 80 % de notre mix énergétique est fossile. On peut citer le charbon, le chauffage au fioul ou au gaz, nos voitures thermiques, le bâtiment, les machines agricoles, l'industrie… Cette consommation d'énergie fossile nous rend dépendants de puissances étrangères qui ne sont pas toutes nos alliées diplomatiques. En ne débattant que du nucléaire, on oublie les ressources considérables que peuvent représenter les énergies renouvelables, comme le solaire, l'éolien…

Mais surtout, on confond l'action sur l'offre et l'action sur la demande.

C'est-à-dire ?

Jusqu'à présent, la transition repose sur l'idée qu'on va maintenir l'offre d'énergie à l'identique. Par exemple, l'innovation technologique pourrait permettre de remplacer les 40 millions de véhicules thermiques par 40 millions de véhicules électriques. Mais cela augmentera les besoins en électricité de manière considérable. Il faut donc aussi diminuer le volume de la demande. Cela peut permettre de réduire nos émissions de gaz à effet de serre de 40 % à 70 % par rapport à leur niveau actuel. C'est un levier absolument majeur. Cette diminution de la demande va exiger également beaucoup d'innovation et d'efficacité. Il va falloir faire autant, voire plus, avec moins. Il faut aussi de la sobriété, c'est-à-dire réfléchir collectivement et individuellement à réduire les prélèvements sur les ressources. Qu'est-ce qui est essentiel ? Comment éviter au maximum de prendre la voiture, de changer de smartphone ou d'ordinateur si souvent ? Est-il utile d'être livré dans un temps de plus en plus court par Amazon ou d'autres ? Nous devons non seulement baisser notre demande d'énergie mais aussi de services, de biens de consommation non essentiels. Tant qu'il y aura de la publicité, tant qu'il y aura de l'obsolescence programmée, nous ne serons pas sur la bonne voie.

Comment rester équitable dans la répartition de ces nouvelles contraintes ?

En géographie, il y a des inégalités qui ne sont pas faciles à territorialiser. Le niveau économique de certaines villes peut masquer une grande hétérogénéité, de l'extrême richesse à l'extrême pauvreté. L'exposition au risque peut dépendre du niveau de revenu mais n'est pas strictement proportionnelle à celui-ci. Il n'y a pas d'adéquation mécanique entre pauvreté et vulnérabilité. La pauvreté n'exclut pas certaines formes de résilience comme l'entraide familiale et communautaire, au sein de structures associatives, religieuses… Des déficits individuels, comme le grand âge ou le handicap, peuvent être compensés par des phénomènes de solidarité. Un travail de documentation a été fait sur ce sujet dans le cadre des *disasters studies*. Ce courant montre que les politiques qui reposent sur des discours généralisateurs et méthodologiquement pauvres ratent finalement leur cible et sont inefficaces. La vulnérabilité est une notion dynamique, qui évolue dans le temps et dans l'espace.

Comment définir les politiques à mener ?

Il existe deux types de politiques, celles basées sur l'incitation et celles basées sur la contrainte. Les incitations sont souvent accompagnées de trop de règles pour que celles-ci fonctionnent. On aboutit alors à des taux de non-recours élevés. Quant aux mesures contraignantes, elles sont parfaitement indolores pour ceux qui ont le plus de moyens. Si on établit une taxe carbone demain, mais qu'elle n'est pas progressive, elle ne sert à rien. La crise de l'énergie de l'hiver 22/23 peut être comparée à une taxe carbone : si on a des revenus élevés, dépenser 200 ou 300 euros de plus en carburant ou chauffage n'est pas un sacrifice. Mais pour les revenus modestes, on arrive à des situations de précarité énergétique, par exemple pour les transports, parce que dans ce secteur il n'y a pas de solutions alternatives, pas de proposition de déplacements décarbonés. Or la sobriété ne doit pas s'identifier à la précarité. Nous allons devoir nous sevrer des énergies fossiles de façon réfléchie et collectivement acceptée, et non pas contraints par une épidémie ou une crise de l'énergie. La sobriété doit aussi être appliquée à tous les prélèvements de ressources non essentiels et non tenables au niveau planétaire, que ce soit les surconsommations d'eau, de sols, les prélèvements sur la biodiversité... Et ce n'est pas une question démographique, il y a largement assez de ressources pour répondre aux besoins essentiels de tous les terriens.

Si l'incitatif et le contraignant sont tous deux insatisfaisants, par où commencer ?

On peut interroger la notion d'urgence encore différemment. Elle prend d'abord la forme d'un questionnement sur nos choix. En effet, nous avons le diagnostic et nous connaissons les moyens thérapeutiques. Le problème reste de déterminer les trajectoires de transition, les objectifs à fixer, la répartition de l'effort à fournir parmi les soutiens, mais aussi d'évaluer les nombreux bénéfices qui vont découler, de manière hétérogène, de cette transition. S'il y a des choix à faire, cela signifie que les acteurs devront décider, discuter, négocier. Tout cela implique forcément des rapports de pouvoir et de force. Et cela implique également de prendre le temps du débat et de la démocratie. Nous sommes dans le domaine du politique au sens le plus strict du terme. La démocratie est le moyen de faire accepter et appliquer des mesures. Partout, au Brésil ou en Russie, les dictatures ne font qu'aggraver la crise climatique, comme elles ont aggravé les conséquences de la pandémie.

Comment va-t-on définir démocratiquement ces objectifs ?

On a besoin de repolitiser le sujet. Cela fait déjà longtemps que l'écologie politique cherche à déplacer les questions environnementales du domaine strictement écologique au domaine politique afin qu'elles n'échappent pas au débat démocratique. Les scientifiques ont fait le travail qui leur revient : maintenant on sait. On a le droit de refuser de se soigner, mais on sait exactement où cela mène à court terme. Et ni la technologie, ni l'innovation ne suffiront à contrer ce changement en accéléré, contrairement à ce que prétend le discours climatorassuriste qui semble avoir remplacé le discours climatosceptique.

Cette question de l'urgence a été très bien documentée par les philosophes. Catherine Larrère, notamment, explique bien que l'urgence n'oriente pas en soi l'action. L'urgence est un sentiment, une perception, une prise de conscience, appuyée sur des données et des faits scientifiques, mais ce n'est pas une boussole pour l'action. C'est à nous tous de définir les objectifs. Vers quelle société voulons-nous aller ? Quels sacrifices sommes-nous prêts à consentir ? Nous nous posons déjà la question des territoires et des activités qu'il va falloir abandonner. Et si on attend trop, la question qui finira par se poser sera : quelles personnes va-t-on sacrifier ?

Alors que faire ?

De même que sobriété ne doit pas impliquer précarité, résilience ne doit pas signifier retour à l'identique, au statu quo. Nous devons faire une véritable révolution : sociale, politique, industrielle, agricole, urbanistique, numérique… Le changement climatique ne doit pas rester un sujet anxiogène. Il faut nommer les menaces, en parler pour passer de l'angoisse à la peur. L'angoisse a pour objet une menace floue, indéfinie. Elle empêche l'action. La peur, elle, permet de se mobiliser. L'action et la prévention sont les meilleures solutions contre l'angoisse. Et surtout, il faut arrêter d'utiliser le terme démagogue d'« écologie punitive ». C'est une notion fausse qui ne fait qu'encourager le déni. Or, on a besoin de plus de transparence : peut-on laisser quelques multinationales exploitant des ressources fossiles financer des laboratoires de recherche ? Les conflits d'intérêts de ce genre ruinent non seulement la confiance envers les politiques mais aussi envers les scientifiques. Le lobbying doit être clairement affiché. Quand il est dissimulé, il ouvre un boulevard aux complotismes de tous genres.

Nous avons besoin de clarté. On demande aux citoyens de se montrer prêts à affronter ces crises, et en même temps les décisions politiques sont souvent incompréhensibles, voire contradictoires. On a calculé le coût de la décarbonation en France : elle requiert un investissement de 40 milliards d'euros par an. C'est exactement le montant qui a été dépensé pour soutenir les Français pendant la crise de l'énergie de l'hiver 2022/2023, soit de l'argent public pour financer la circulation des voitures thermiques. Ce discours est bien sûr inaudible pour la personne qui prend sa voiture tous les jours pour aller travailler et qui n'a pas d'autres solutions. Mais ces 40 milliards n'auraient-ils pas dû servir plutôt à développer des transports en commun ou financer des systèmes de covoiturage ?

Le remède au complotisme réside aussi en grande partie dans le maintien des services publics : la santé, la justice, l'école… Pour lutter contre le changement climatique et donner aux citoyens des moyens de s'informer et de décider, il faut aussi protéger ces services publics. Il ne s'agit surtout pas d'« éduquer » le citoyen, mais de lui fournir une information de qualité. Il faut enfin insister sur les bénéfices de l'action. Non seulement elle soulage de l'angoisse mais elle permet aussi de créer des emplois et de la richesse, de vivre mieux, en meilleure santé, dans des logements de qualité…

Il faut donc aussi apprendre à vivre avec l'angoisse de l'incertitude ?

L'incertitude ne doit pas être un prétexte à l'inaction. Nous vivons depuis toujours dans l'incertitude : qui aurait pu prévoir la chute du mur de Berlin ou le 11-Septembre ? Et je ne parle que de l'époque contemporaine ! Aujourd'hui nous nous sommes même donné les moyens de la réduire. D'autant qu'il n'y a pas d'incertitude sur le changement climatique. On ne se demande plus « si » mais « quand » ses effets seront catastrophiques.

Entretien réalisé par la journaliste Catherine Calvet en avril 2023

Entre urgence sécuritaire et urgence climatique. L'armée sur tous les fronts

Florian Opillard

Mobilisées lors de catastrophes naturelles, les armées sont bousculées par le réchauffement climatique. Alors qu'incendies ou cyclones s'annoncent plus fréquents, et au moment où l'invasion de l'Ukraine marque un retour de la guerre de haute intensité en Europe, comment assurer toutes les missions avec des moyens suffisants ?

12 août 2022. Un incendie d'une ampleur rarement observée ravage la commune de Landiras dans les Landes. Logiquement, pompiers, forces militaires de la sécurité civile et gendarmes sont déployés pour tenter de contenir la violence des flammes. En appui aux effectifs situés directement au contact du feu viennent rapidement s'ajouter quelque 200 militaires de l'arme du Génie. L'armée n'intervenant qu'exceptionnellement sur le territoire national, c'est la gravité de la catastrophe naturelle et l'urgence qu'il y a à porter assistance aux victimes qui le justifient.

Ce type d'intervention, qui fait partie des missions des militaires, suscite de nombreuses inquiétudes dans le contexte du dérèglement climatique. Si, comme le suggèrent les travaux du GIEC, il faut s'attendre à une intensification de la fréquence et de l'intensité des catastrophes, l'emballement climatique pourrait bien être tel que nous ne serions plus en mesure de gérer l'ampleur et la vigueur des catastrophes à venir, en France comme ailleurs. Les scientifiques alertent aussi sur la trop lente préparation des pouvoirs publics, qui n'ont pas toujours les moyens nécessaires pour faire face à des situations graves. Résultat : l'armée pourrait être de plus en plus sollicitée pour prendre en charge les conséquences humanitaires et sécuritaires des catastrophes naturelles. C'est même déjà le cas aujourd'hui, dans le monde entier.

Cette situation est par définition politique, puisqu'elle résulte d'un arbitrage entre renforcement des moyens civils de prévention et de gestion de crise, et usage de l'armée comme « dernier recours » matériel et symbolique. Ce choix doit d'autant plus être discuté que les affrontements en Ukraine, et le retour des guerres de « haute intensité[1] », accaparent de nouveau les armées. La nouvelle loi de programmation militaire française, présentée début 2023 suit par exemple cette voie. Or, si ces choix politiques se confirment, les armées pourraient avoir bien des difficultés à endosser ce rôle de dernier recours face aux crises environnementales.

1. La guerre de haute intensité désigne un engagement majeur de troupes et de matériel avec de nombreuses pertes, comme en Ukraine. Le terme fonctionne en opposition aux guerres contre-insurrectionnelles que la France a menées au Sahel.

Nombreux sont les officiers qui, en aparté, confient leur inquiétude.

Sur le territoire national, une armée de toutes les urgences ?

En France, l'intervention militaire sur le territoire national est strictement encadrée par le droit. En dehors de l'état de siège, qui est un régime juridique d'exception, le recours aux armées ne peut avoir lieu pour des missions de maintien de l'ordre sur le territoire national que dans des conditions bien précises « dès lors que les moyens dont dispose l'autorité civile sont estimés inexistants, insuffisants, inadaptés ou indisponibles[2] ». C'est donc systématiquement en appui aux moyens civils que ceux de l'armée sont mis à disposition de l'autorité civile, qui doit en faire la réquisition. Cette décision émane d'un dialogue entre les instances civiles et l'institution militaire, dans ce que la loi qualifie de « coopération civilo-militaire ». Dans les faits, l'armée française est régulièrement sollicitée afin de mettre à disposition du pouvoir civil des moyens humains ou matériels, notamment lors de catastrophes naturelles. Son action par exemple est permanente sur le territoire

2. Instruction interministérielle relative à l'engagement des armées sur le territoire national lorsqu'elles interviennent sur réquisition de l'autorité civile du 14 novembre 2017.

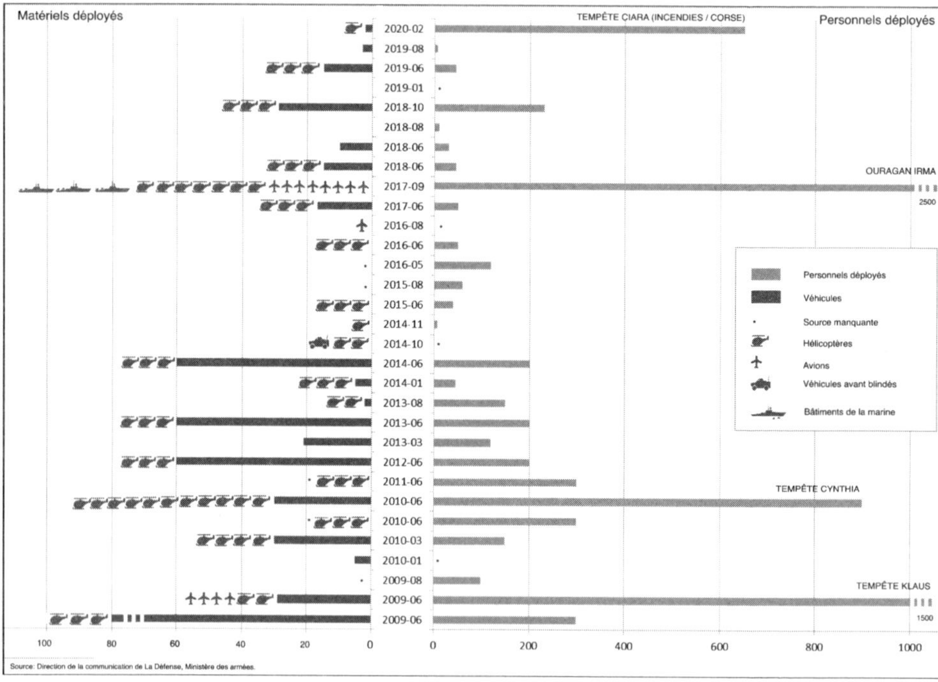

Personnels et moyens militaires employés sur le territoire national en réponse aux catastrophes naturelles en France (2009-2019). Source : ministère des Armées, réalisation : Florian Opillard et Angélique Palle

national dans le cadre de l'opération Héphaïstos (lutte contre les feux de forêt) et régulière dans l'assistance aux populations touchées par des catastrophes naturelles (comme la tempête Xynthia en 2010, la tempête Alex en 2020 et périodiquement pour les épisodes cévenols). Les matériels employés par les armées pour soutenir les moyens civils sont de fait conséquents.

Le graphique ci-contre montre sur sa partie gauche les matériels employés par les armées dans la gestion des catastrophes naturelles, et sur sa partie droite les personnels militaires mobilisés sur ces mêmes événements. La mobilisation des moyens militaires est fréquente, et si l'importance des moyens humains et matériels tend à diminuer à partir de 2015, c'est notamment du fait d'un transfert d'effectifs de l'armée de terre vers l'opération Sentinelle lancée le lendemain des attentats terroristes contre *Charlie Hebdo*. Il y a donc un arbitrage entre intervention environnementale et sécuritaire. Si cette diminution est claire, elle est cependant ponctuée d'interventions plus importantes, comme c'est le cas pour la tempête Irma dans les Caraïbes en 2017, les feux de forêt en Corse et la tempête Ciara dans le nord de la France, ou encore lors de la crise sanitaire en 2020. L'opération Résilience, lancée le 25 mars 2020 pour faire face au Covid-19, fut lancée en raison d'une double compétence de l'armée : elle intervenait déjà régulièrement sur le territoire national et à l'étranger en situation de catastrophe environnementale, et d'autre part elle s'était constitué une expertise technique et médicale pour répondre aux contextes épidémiques hors du territoire national. Lors de son allocution du 25 mars 2020, Emmanuel Macron lance donc officiellement l'opération militaire « Résilience », insistant sur le fait que la France était « en guerre » contre le virus. Cette militarisation du discours sanitaire entretenait alors le brouillage entre motifs d'intervention environnemental et sécuritaire.

Ces dernières opérations militaires ont accentué la présence militaire sur le territoire national. Plusieurs questions émergent donc, dans le contexte actuel : qu'en sera-t-il de la contribution des armées dans un pays à +3, voire +4 °C ? Comment seront articulés ou priorisés les motifs d'intervention, alors que la guerre en Ukraine fait planer le spectre d'un retour de la guerre dite de « haute intensité » aux frontières de l'Europe ?

Une armée suremployée pour des motifs non-guerriers ?

Pour comprendre l'ampleur des transformations de l'emploi des armées sur le territoire national, il est utile de porter son regard sur l'étranger. En 2005, l'ouragan Katrina frappe les côtes de la Louisiane et plonge la Nouvelle-Orléans sous les eaux. La Garde Nationale de plusieurs États fédérés mobilisée pour secourir les populations, se révèle rapidement insuffisante au vu de l'ampleur du désastre humanitaire. Des contingents de l'armée américaine sont donc envoyés aux côtés de la Garde Nationale, notamment pour un appui logistique[3]. Dès la sortie de cette crise, des hauts gradés américains mettent en garde les planificateurs américains : une mobilisation importante des forces de l'armée régulière pourrait saper la capacité de se projeter dans des guerres que devrait mener le pays. Or, comme le précise Adrien Estève, le *Military advisory board du Center for Naval Analyses*, qui rassemble des hauts grades de l'armée américaine, anticipe une croissance de l'engagement militaire sur le territoire national pour répondre aux évènements extrêmes issus du changement climatique[4].

Les armées françaises anticipent aussi ces questionnements et ces arbitrages. L'opération militaire IRMA, déclenchée en septembre 2017 alors que trois cyclones successifs touchaient l'île de Saint-Martin, offre certainement le meilleur exemple d'une intervention environnementale sur le territoire national « dimensionnée comme une opération extérieure », comme la qualifie un lieutenant-colonel de l'armée de Terre. Alors que

---

3. Romain Huret, *Katrina, 2005. L'ouragan, l'État et les pauvres aux États-Unis*, Paris, EHESS, 2010.

4. Angélique Palle, Adrien Estève et Florian Opillard, « Les armées et le changement climatique au temps de la haute intensité. Réflexions sur l'engagement dans des opérations dites "environnementales" » GREEN, 2, p. 84-88, 2022 ; CNA Military Advisory Board, « National Security and the Accelerating Risks of climate change », mai 2014.

le premier cyclone Irma touche l'île, les locaux de la préfecture sont soufflés, la préfète se met à l'abri dans un bâtiment plus sûr accompagnée des gendarmes, et la police aux frontières fuit avec les derniers avions. Plusieurs milliers de militaires français sont alors envoyés sur place, notamment pour restaurer les approvisionnements en eau, les systèmes de communication, dégager les routes et prioriser les évacuations vers la métropole. L'armée est aussi utilisée pour rétablir l'ordre : les légionnaires patrouillent dans les rues pour rassurer les populations, alors que circulent des rumeurs de pillages d'habitations cossues.

Considérée comme un succès pour les officiers de l'armée de Terre, l'opération IRMA aurait prouvé les capacités de réaction rapide et la « rusticité » des militaires de cette armée. Derrière ce constat, qui émane pour une bonne part d'un discours de promotion interne en vue de capter les financements, plusieurs inquiétudes surgissent rapidement, qui tiennent autant à la faiblesse des moyens qu'à la disponibilité des troupes sursollicitées. L'opération est déclenchée alors qu'avait lieu la relève de Barkhane au Sahel. Cela force l'État-major à arbitrer sur les moyens : pour reprendre les mots d'un colonel de l'armée de Terre, « si en 2017 il n'y avait eu aucune intervention extérieure majeure, il n'y aurait pas eu de problématique capacitaire. À l'inverse, avec beaucoup plus d'interventions extérieures au même moment, la contribution aurait été encore plus réduite ».

Pour l'opération Résilience, lancée en 2020, l'engagement le plus important concernait le Service de santé des armées (SSA), parallèlement au maintien du soutien aux forces en opérations. Bien que l'offre de santé des Hôpitaux d'instruction des armées ne représente que 1 % de l'offre de soin en France, les soignants militaires ont participé à la prise en charge des malades, que cela soit par l'installation d'un Élément militaire de réanimation (EMR) à Mulhouse, par l'accueil de patients dans leurs services de réanimation, ou par la vaccination. Ce recours a prélevé une dîme particulièrement lourde sur les personnels dans un contexte de réduction des effectifs engagé depuis plusieurs années par les lois de programmation militaires. L'inquiétude d'un effritement de la « militarité » des soignants, tout comme celle des militaires engagés sur des opérations environnementales est liée à la peur de ce corps de métier de s'éloigner de sa mission première, qu'un commandant de l'armée de Terre résume ainsi, dans un entretien mené en 2020 : « faire la guerre, la vraie ».

La « climatisation » des armées françaises

La désignation du changement climatique comme facteur d'insécurité et la hausse des interventions de type

« environnemental » amènent le ministère des armées à « climatiser » ses routines et fait de la thématique du climat un enjeu « stratégique » (selon les propres termes d'un colonel de l'armée de Terre). Cela correspond à des initiatives d'abord éparses, qui se structurent progressivement à mesure que des agents du ministère tentent de les imposer, poussés à la fois par l'urgence objective et par des stratégies de carrière. L'observatoire Défense-Climat, fruit d'un partenariat entre le ministère des Armées (MINARM) et l'Institut des relations internationales et stratégiques (IRIS), qui s'est d'abord penché sur les espaces stratégiques pour l'armée française, notamment le Sahel, concrétise depuis 2016 cette préoccupation, grâce à une jeune génération d'agents du ministère soucieux des problématiques climatiques. Plus récemment, le MINARM a édité sa « Stratégie climat et défense », qui suggère de développer anticipation, adaptation, atténuation et coopération à plusieurs échelles sur ces enjeux. Si la prise en charge de ces sujets par le MINARM semble récente, elle a longtemps été portée en interne par le service de l'énergie opérationnelle : l'approvisionnement en carburant et en électricité des forces projetées est une préoccupation cruciale et a longtemps relayé les problématiques d'empreinte écologique ou de gestion des catastrophes au second plan. Cet équilibre semble cependant aujourd'hui changer, à la faveur des impératifs politiques évoqués plus haut.

La sociologie militaire éclaire ici ce bouleversement à l'œuvre : le contingent des officiers supérieurs et généraux français est largement dominé par l'armée de Terre, reconnue comme la plus conservatrice des trois armées. Les catégories sociales supérieures sont surreprésentées parmi ses officiers, pour qui la fonction militaire et ses valeurs se transmettent de génération en génération dans une logique de reproduction. Mais, même dans l'armée de terre, l'accès récent aux plus hauts grades d'une génération d'officiers sensibles aux questions climatiques fait bouger les lignes. Par ailleurs, ce contingent d'officiers de l'armée de terre doit de plus en plus s'accommoder d'un fonctionnement interarmées, notamment à l'École de guerre. Cela fait place aux officiers de l'armée de l'air et de la marine, généralement plus alertes aux questions environnementales. Je constate donc dans mes enquêtes une reconnaissance accrue de ces motifs climatiques parmi les officiers, qui certes accroît les inquiétudes sur les capacités des armées à faire face aux sollicitations, mais pourrait bien faciliter les discussions internes sur la préparation des armées aux chocs à venir.

*

Prises entre la demande croissante d'interventions pour des motifs de soutien aux populations et de reconstruction post-catastrophe, et l'accentuation de la pression sur les matériels de combat, les armées françaises pourraient bien être prises dans un étau.

Si cette mobilisation fréquente de l'armée sur le territoire national a largement contribué à mettre l'armée au cœur du débat public, qu'en est-il de la perception par la population française ? Des données récentes indiquent que les armées, comparées aux autres instances régaliennes, échappent au déficit de confiance institutionnelle qui entame depuis une trentaine d'années les relations des Français aux organismes classiques de médiation politique et aux rouages de la démocratie représentative[5]. Il y a donc fort à parier que l'armée soit à nouveau perçue comme un recours symbolique efficace par le pouvoir civil, alors même que le retour d'une guerre aux portes de l'Europe met au premier plan les problèmes liés aux capacités matérielles et humaines des armées.

---

5. C'est l'un des résultats de l'étude menée par l'équipe du programme de recherche ANR « ARMY » dirigé par Anne Muxel, accessible en ligne.

Quand la planète brûle. Les feux de forêts au Chili

Cécile Faliès

Lorsqu'une enquête de terrain débute dans le contexte d'une catastrophe, le travail scientifique, tout comme les chercheuses qui le produisent, sont affectés. Retour sur les graves incendies qui se sont déclarés au Chili début 2023.

Bien que prévenus par Jean Dresch qu'« il n'y a pas de géographie sans drame[1] », les apprentis géographes ne mesurent pas toujours à quel point le choix de leur premier terrain, souvent en master, les engage voire les oblige par la suite. Formés à décrire le réel par l'observation et les enquêtes, ils se retrouvent des années après saisis par l'urgence de devoir analyser des processus en cours au prisme de leurs recherches, certes, mais aussi de leur connaissance, souvent devenue intime, d'un pays qui ne leur est plus étranger. L'exercice peut devenir périlleux. Il ne s'agit pas, en effet, de s'ériger en commentateur d'une actualité parfois brûlante, pas plus que de sortir une boule de cristal *ex post* en affirmant que telle ou telle crise était prévisible.

1. Jean Dresch, *Un géographe au déclin des empires*, Paris, Maspero, 1979.

Ces dernières années, le Chili a connu deux bouleversements majeurs, économique et climatique. En octobre 2019, des manifestations de mécontentement éclatent à Santiago du Chili en réaction à l'augmentation du prix du ticket de métro de 30 pesos (l'équivalent de 0,30 euro). Elles sont très vite violemment réprimées par le gouvernement de Sebastian Piñera qui ne tarde pas à envoyer l'armée et à déclarer l'état d'urgence. Ces manifestations ne sont que le sommet de l'iceberg d'un malaise bien plus profond ancré dans trente années de politique économique et sociale néolibérale, inspirée de l'école d'économie de Chicago. Les inégalités en matière de santé, d'éducation et de salaires y sont parmi les plus grandes d'Amérique latine alors même que le pays est entré dans l'OCDE en 2010 et qu'il détient des ressources en terres agricoles et minières prisées dans les échanges commerciaux mondiaux. Rapidement, les manifestants revendiquent une nouvelle constitution pour remplacer celle de 1980, rédigée sous la dictature du Général Pinochet. À cette crise politique s'est ajoutée début 2023, une crise environnementale, avec le déclenchement de très violents incendies. Localisés dans le centre-sud du pays, et plus précisément autour de la deuxième aire métropolitaine du pays, Concepción, ils ont brûlé 500 000 hectares de terres, dont la moitié en deux semaines et causé 25 décès. Il faudra ajouter à ce chiffre les morts sur le long terme liées à des problèmes respiratoires suscités par la fumée. Au total

6 000 personnes ont été affectées (blessures, évacuations, pertes de terrain, de maisons) et 1 400 maisons ont été détruites principalement dans les régions de Ñuble, Biobío, Araucanie, et aussi Maule.

Se préparer à des événements imprévus

Face à ces deux événements, tel le petit poucet perdu dans la forêt des informations parfois contradictoires qui m'arrivaient de ce pays du bout du monde où j'avais fait ma thèse, j'ai décidé de rechausser mes bottes de sept lieues. En 2020, j'ai lancé un programme de recherche, à distance, crise sanitaire oblige, afin d'observer comment les enjeux environnementaux et territoriaux, si présents dans les revendications, étaient intégrés dans la Constitution en cours de rédaction. En 2023, pendant l'été austral, où les incendies sont les plus fréquents, je suis partie à Concepción pour y étudier les feux *in vivo*. Dans les deux cas, je me décentrai. D'une part parce que j'avais jusqu'ici travaillé sur les périphéries rurales de la région centrale du Chili, pour y étudier notamment la question de la production agricole, et que je devais désormais assister à plusieurs sessions de travail de l'Assemblée constituante élue pour y saisir le « moment constitutionnel » (travail de terrain que je menai avec un collègue juriste constitutionnaliste). D'autre part, parce que si j'avais déjà pu décrire quelques cas à l'interface bâti-forêts par télédétection et retour terrain, jamais je n'avais eu à analyser des feux d'une telle ampleur et touchant des plantations sylvicoles.

J'avais été bien préparée à la survenue d'évènements imprévus de grande ampleur : mon premier terrain chilien avait ainsi débuté le 29 février 2011, lendemain du grand séisme de Concepción d'une magnitude de 8,8. La première année de thèse fut alors animée par les répliques qui l'ont suivi. Me sachant géographe comme le très médiatisé Marcelo Lagos, l'un des spécialistes mondiaux des évènements extrêmes – séismes, tsunamis, éruptions volcaniques –, ils m'interrogeaient souvent sur les causes du tremblement de terre. N'étant pas spécialiste des risques, j'avais certaines réserves à m'éloigner de mon objet d'études et beaucoup d'admiration pour mon collègue et ami haïtien Jean Marie Théodat qui, lui, avait décidé suite au séisme de janvier 2010 de « lever l'ancre » de France pour partir documenter le drame dans les décombres et aider à reconstruire son île natale. Deux ans avant et alors que la jeune revue *XXI* cherchait des contributeurs, j'avais eu aussi des scrupules à partager un terrain de plusieurs semaines dans le Chaco argentin alors en proie à la déforestation et à la dépossession des terres autochtones par les grands groupes agro-industriels du soja. Je n'avais pas eu les mots ni le courage – il faut bien le dire – pour décrire les formes de servage contemporain que j'y avais observées. Manque de légitimité et d'expérience d'une jeune géographe formée à l'école de la rigueur scientifique.

Mais quelques années plus tard, après avoir encadré une bonne dizaine d'étudiants de master diagnostiqués éco-anxieux, avoir participé à un programme de formation à la cartographie de la protection civile de Tunis et avoir séjourné dans le service des urgences d'un des hôpitaux les plus critiques de France, j'ai décidé d'observer de près une situation de catastrophe environnementale. C'est ainsi que je conçus de partir en mission au Chili en février 2023 avec Emma Andrieux, doctorante à l'UMR PRODIG.

Quand les enquêtés se confient

À notre arrivée, la plupart des collègues chiliens, spécialistes des risques, étaient en congé annuel. Il leur était donc impossible de se rendre sur le terrain. Avec Emma Andrieux nous nous retrouvions dans un contexte exceptionnel à plus d'un titre : absence de relais scientifiques sur place ; environ 500 000 hectares brûlés contre une moyenne annuelle d'environ 50 000 hectares ; mise en place d'un couvre-feu dans de nombreuses communes ; blocage des routes pour limiter l'accès aux zones d'incendie, permettre l'action des forces de l'ordre, des pompiers et des hélicoptères et faciliter les évacuations.

Photographie prise le 21 février au bord de la Ruta de la Madera, sur la première autoroute à concession du pays dont la construction avait été décidée par Pinochet dans les années 1970 pour permettre l'exportation du bois de plantation vers le terminal grumier de Coronel. Elle met en évidence l'émission de CO_2 et la très mauvaise qualité de l'air induite par les incendies. À 17 heures, il était déjà nécessaire de rouler pleins phares pour traverser les nuées de cendres en provenance de l'incendie de Patagual. © Cécile Faliès

Nous avons d'abord pu consulter toutes les cartes réalisées à partir d'images satellites donnant des informations factuelles et statistiques en temps réel tant sur le site du SENAPRED (Service National de Prévention et de Réponse aux Désastres) et sur celui de l'EDRM (*European Disaster Risk Management*). Mais nous avons surtout pu réaliser des entretiens dans les communes les plus affectées de Santa Juana, Coronel, Tomé, situées dans l'aire métropolitaine du Grand Concepción et Florida, plus à l'est. Nous y avons rencontré des habitants qui préparaient leur maison à l'arrivée des incendies selon le principe du *sheltering* (principe d'abri à domicile par humidification du toit développé en Australie), l'administratrice d'un ensemble résidentiel fermé qui organisait un coupe-feu dans le secteur El Venado à l'ouest de l'agglomération, les chargés d'urgences des quatre villes les plus touchées, des pompiers chiliens, français et mexicains arrivés pour l'occasion, des militaires, deux familles de sinistrés, l'une dans un centre d'accueil, l'autre sur sa parcelle brûlée, un pilote d'hélicoptère espagnol sous contrat avec la CONAF (Corporation Nationale des Forêts) et son assistant. La disponibilité des enquêtés, que l'on ait pris préalablement rendez-vous ou qu'on les rencontre au gré de nos déplacements le long de la Ruta de la Madera était grande et surprenante au vu du contexte. C'était peut-être parce que nous étions les premières personnes avec qui ils pouvaient échanger depuis le désastre et que cela leur permettait de prendre leur distance avec l'information en continu des réseaux sociaux et des médias. Ils se confiaient parfois sur leurs angoisses personnelles, notamment au sujet de la façon dont ils seraient relogés. L'un des enquêtés nous a même montré des photographies de cadavres prises avec son téléphone portable une semaine plus tôt. Très souvent, ils cherchaient une explication au phénomène.

Saisir sur le vif l'ampleur du phénomène

De façon nouvelle par rapport aux incendies de 2017, le seul facteur évoqué n'est plus uniquement l'effet accru en période estivale du réchauffement climatique. Beaucoup de scientifiques parlent désormais du rôle des monocultures de pin et d'eucalyptus denses et homogènes sur d'immenses surfaces, très inflammables, plantées pour produire cellulose et bois de construction. Le caractère fortuit des départs de feux est également remis en cause. En effet, ce qui fait la spécificité de ces feux, c'est que plusieurs foyers se déclenchent simultanément, dont plusieurs de nuit. Bien sûr les conditions météorologiques étaient propices à la rapidité de la propagation (la fameuse règle des « trois 30 » : températures supérieures à 30 °C, vent à plus de 30 km/h, et taux d'humidité dans l'air inférieur à 30 %). Mais pour la première fois, c'est bien le caractère intentionnel des feux qui était régulièrement mentionné. Trente personnes environ ont ainsi fait l'objet d'une enquête pour avoir déclenché les feux, dont plusieurs par des brûlages non autorisés de déchets agricoles. Ailleurs, certains évoquaient les grands propriétaires d'entreprises sylvicoles qui, voyant diminuer les rendements de leurs parcelles (après trois cycles de production depuis les années 1970 et des sols épuisés), ont été nombreux à souscrire des assurances. Une fois leurs hectares brûlés, ils pouvaient bénéficier de leurs garanties. Et quand la piste terroriste était soulignée, c'était une allusion à peine déguisée aux départs de feux causés par les Mapuches, qui voient dans ces grandes propriétés des violations de leurs droits communautaires de propriété ou d'usage.

Arpenter les zones brûlées et faire des entretiens à chaud avec les acteurs de la lutte contre le feu ou les sinistrés nous a ainsi permis de saisir sur le vif l'ampleur du phénomène, d'obtenir des informations peu récoltées jusqu'ici à cette échelle et de documenter ce processus. Contrairement aux autres éléments (l'eau, l'air, les sols), le feu n'est pas une substance mais une réaction. Il ne peut donc être étudié en soi : c'est un élément interactif, il est ce que son contexte fait de lui pour reprendre les termes de l'historien de l'environnement Stephen J. Pyne[2]. En cela, les incendies sont des objets géographiques complexes à appréhender. Derrière chaque incendie se cachent des conditions climatiques, météorologiques, édaphiques, topographiques et écologiques, qui rendent possible son apparition et son développement.

2. Stephen J. Pyne, « The human geography of fire: a research agenda », *Progress in Human Geography*, 2009, Vol. 33, n° 4, p. 443-446.

La dimension sociale du Pyrocène

Travailler sur les urgences dans un contexte d'urgence n'a pas été sans conséquences : inspirer pendant une semaine un air chargé de particules fines, manger des crudités lavées avec de l'eau, ressource précieuse en cette période de sécheresse, chargée de matière organique et recueillir des témoignages de personnes sinistrées ne nous a pas laissées indemnes. Outre qu'Emma et moi avons été malades pendant plus d'une dizaine de jours, cette expérience nous a ébranlées. Elle nous a fait prendre conscience de la nécessité absolue de mobiliser nos savoir-faire de géographes : expérimenter par le corps, être au plus près des conséquences des catastrophes et des populations qu'elles affectent pour mieux les accompagner et proposer des voies de sortie.

Dans sa relecture de l'Anthropocène en tant que « Pyrocène », Stephen J. Pyne insiste sur la maîtrise et le pouvoir qu'ont les sociétés humaines sur les processus de combustion. Ce sont bien ces processus qui seraient à l'origine de l'ampleur de tous les changements environnementaux globaux actuels. Les incendies ne sont pas des catastrophes « naturelles », loin s'en faut. Pourtant, la dimension sociale de ces phénomènes reste très peu étudiée. Pour la géographie, à l'interface milieu-société, il s'agit bien de ne pas considérer les hommes comme de simples artefacts secondaires des dynamiques étudiées, ni de considérer les milieux comme un seul décor pour les sociétés[3]. Le renouvellement de l'étude des incendies pourrait impliquer la pratique d'une géographie moins tiraillée entre ses dimensions physique et humaine qui résoudrait, en somme, le paradoxe levé par Charles Percy Snow dans sa célèbre conférence de 1959 opposant deux cultures scientifiques. L'enjeu est de sortir de l'approche naturaliste et techniciste habituelle pour adopter une démarche systémique mettant au jour les relations de pouvoir associées aux questions environnementales[4]. Pour ce faire, il s'agit d'adopter une démarche scientifique interdisciplinaire, collective et internationale – tant il est parfois plus aisé d'étudier un phénomène politique en dehors de son cadre national : j'ai ainsi été reçue par Camilo Grez, le chef des risques et des urgences du ministère de l'Intérieur chilien. Dans les moments de crise, les chercheurs savent aussi faire preuve de solidarité pour dépasser le simple constat scientifique et aller vers l'action politique.

3. Géraud Magrin et Bénédicte Thibaud « Éditorial : L'Anthropocène sous les tropiques : tropicalité et développement à l'heure des changements globaux », *Belgeo*, 2020, n° 3, en ligne.

4. Simon Dufour, Laurent Lespez (dir.), *Géographie de l'environnement. La nature au temps de l'Anthropocène*, Paris, A. Colin, Coll. U, 2020.

Urgence écologique, économique, sociale ou démocratique ? À propos de la crise des Gilets jaunes

Étienne Walker

Qui décide de ce qui est urgent ? En prenant l'exemple du mouvement social qui a débuté fin 2018 en France, le géographe Étienne Walker montre que la mise à l'agenda des problèmes prioritaires est l'objet d'une compétition politique, qui nécessite de s'approprier des espaces stratégiques.

« Fin du monde, fin du mois, même combat » : ce slogan des marches pour le Climat a souligné les convergences de leurs mobilisations avec le mouvement des Gilets jaunes, notamment à partir de son « acte IV » du 8 décembre 2018. Désormais célèbre, ce slogan tente une réconciliation *a priori* impossible entre les *urgences* écologique et sociale, faisant d'elles les deux facettes d'une même pièce. Mais comment se construit socialement et politiquement l'urgence et quelles sont les réponses qui lui sont apportées ?

Qualifié de moment de « crise », le mouvement des Gilets jaunes est un objet pertinent pour s'atteler à cette question. Le mot lui-même interpelle : par « crise », entend-on l'urgence qu'il y a pour l'État à gérer une contestation sociale de grande ampleur ? ou bien la radicalité de la mobilisation et de l'engagement des contestataires contre « l'ordre habituel des choses » devenu insupportable ?

La reconnaissance de l'urgence d'un fait social, mais aussi de la juste manière d'y répondre, ne va pas de soi dans une société inégalitaire et divisée du point de vue de ses valeurs. Mais la géographie peut nous aider à éclairer les rapports de pouvoir qui définissent ce qui est urgent et ce qui ne l'est pas. J'aborderai ici, en tant que géographe, la manière dont la séquence des Gilets jaunes a consisté en une succession de « mises en urgence » concurrentielles entre contestataires et gouvernants.

Une urgence peut en cacher une autre

C'est à la suite de l'appel d'un chauffeur routier relayé au niveau national début octobre que le mouvement des Gilets Jaunes s'est concrétisé, essentiellement sur les ronds-points, à partir du 17 novembre 2018. Mais il avait en fait été initié dès la fin du mois de mai autour d'une pétition intitulée « Pour une baisse des prix du carburant à la pompe ! », en réaction aux mesures fiscales prises par le gouvernement pour orienter les usagers vers une mobilité plus durable, et les faire contribuer au budget étatique de la transition énergétique. Mi-2018, une « composante carbone » est en effet ajoutée à la Taxe Intérieure de Consommation sur les Produits Énergétiques (TICPE), ce qui a suscité une augmentation mécanique des prix à la pompe. Pour les automobilistes et motards « en colère », pour reprendre les formulations qui fleurissent sur les réseaux sociaux, cette réforme s'ajoute à la multiplication des radars routiers, à la durcification du contrôle technique automobile et à l'abaissement de la vitesse maximale autorisée sur les routes secondaires à 80 km/h.

Loin de revendiquer le droit de rouler au diesel impunément, ce mouvement redéfinit les contours de l'urgence environnementale : pour les personnes mobilisées, il y a surtout urgence à discuter d'une juste répartition des efforts à fournir pour la transition écologique. Dès l'acte initial, nombreux sont les Gilets jaunes à ne pas remettre en cause l'urgence à réagir face au changement climatique. Ces contestataires dénoncent plutôt l'inégalité de traitement entre l'augmentation de la taxe sur le carburant automobile et la stagnation de celle du kérosène pour avion ou du fioul lourd pour bateau. Ils soulignent qu'il est urgent pour les travailleurs souvent précaires et excentrés des grandes villes de pouvoir continuer d'être (auto)mobiles pour pouvoir vivre dignement, et qu'une taxation équivalente des combustibles aériens ou maritimes ne mettrait pas ceux qui en seraient redevables dans un « état d'urgence » comparable.

Ce déplacement de l'urgence environnementale vers l'urgence fiscale a également diversifié les alternatives possibles au programme politique imposé par le gouvernement. Les Gilets jaunes ont remis au premier plan de l'agenda médiatique et politique, à la suite de la crise économique de 2008, la question du pouvoir d'achat et de l'égalité face à l'impôt (en critiquant les réformes sur la Contribution Sociale Généralisée, l'Impôt de Solidarité sur la Fortune et le Plafonnement Forfaitaire Unique), puis celle des salaires et enfin celle du rapport capital/travail. Ainsi, ils sont souvent considérés comme un mouvement anti-austéritaire constitué autour d'une demande de moralisation de l'économie. Cette demande, adressée aux élites économiques, l'est sans doute avant tout aux représentants politiques, payés par les deniers publics et tenus par le mandat populaire. Après avoir été tenus pour responsables de faire supporter aux plus fragiles le coût de la transition environnementale, ces représentants sont progressivement accusés de faire la sourde oreille, et même de réprimer aveuglément à mesure que le rapport de force se constitue. Dès lors, une demande de contrôle de la représentation prend forme, que les appels à un Référendum d'Initiative Citoyenne (RIC), une VIe République ou un certain municipalisme cristallisent.

Cette « mise en urgence » concurrentielle des enjeux économiques et démocratiques s'est faite dans et par l'espace. Si les Gilets jaunes s'inscrivent dans le « répertoire d'action[1] » contestataire classique, par les manifestations

1. Cécile Péchu, « Répertoire d'action », dans Olivier Fillieule (éd.), *Dictionnaire des mouvements sociaux*, Paris, Presses de Sciences Po, 2e édition, 2020.

centrales massives ou les assemblées qui le structurent progressivement, ils y dérogent en de nombreux points, notamment au début. On peut citer la mise à l'écart des instances traditionnelles du mouvement social – les syndicats – ou encore la sociologie particulière des participants : les rares études quantitatives soulignent qu'au moins 40 % des (premiers) Gilets jaunes ne s'étaient jamais engagés dans un mouvement social auparavant. Né et même largement organisé sur les réseaux sociaux, le mouvement s'est déployé immédiatement à l'échelle nationale, notamment au niveau des petites et moyennes villes et de leurs périphéries. Il fait ainsi écho, par les modes d'appropriation de l'espace employés – filtrages voire blocages des ronds-points, opérations « escargot » ou « péage gratuit », occultation des radars –, au répertoire des petits indépendants, syndicats agricoles majoritaires, Confédération Intersyndicale de Défense et d'Union Nationale des Travailleurs Indépendants voire Bonnets Rouges. Dans l'espace du proche et du familier, il permet alors à de nombreux acteurs traditionnellement absents des mouvements sociaux de se mobiliser, et de prendre de court les pouvoirs constitués, tout en enrôlant une large part de l'opinion publique. La centralité de l'État et des représentants politiques pousse aussi dès le début les Gilets jaunes à investir le cœur des villes à statut préfectoral et même Paris. Les acteurs plus familiers des mobilisations sociales, circonspects au début, finiront par rallier progressivement le mouvement et renforceront cette dynamique.

Loin de s'inscrire néanmoins dans les normes convenues des défilés encadrés et déclarés en préfecture, les cortèges des manifestants ne déposent que très rarement leur parcours au préalable, et investissent les lieux de pouvoir plutôt que de tourner autour, quitte à s'affronter aux forces de l'ordre. À l'inverse des journées de grève « perlée » ou reconductible, ces manifestations se routinisent tous les samedis, « actes » qui permettent à de nombreux manifestants de venir. Elles limitent en effet l'impact sur la semaine de travail et favorisent en cela l'adhésion dans l'opinion publique.

Répondre à une mise en urgence par une autre ?

Le fort potentiel politique du mouvement est entaché par l'acte III du 1er décembre 2018. L'incendie partiel de l'hôtel de préfecture du Puy-de-Dôme, de même que la dégradation, par des graffitis, de l'Arc de Triomphe à Paris, très médiatisés, font chuter le soutien au mouvement, et provoquent le désengagement de nombreux Gilets jaunes. Ils permettent au gouvernement Philippe de mettre à l'agenda une autre urgence que celle, économique et démocratique, constituée en deux semaines seulement de mobilisation : celle de « faire cesser les violences ». Dès l'acte IV, pas moins de 89 000 policiers et gendarmes sont mobilisés en France, principalement au titre des « unités de force mobile » – Compagnies Républicaines de Sécurité (CRS) et Gendarmerie Mobile (GM) – traditionnellement en charge du maintien de l'ordre. À cela s'ajoutent des Brigades Anticriminalité (BAC) et d'autres corps de la police nationale transformés pour l'occasion en « compagnies de marche », tandis que certaines unités de la Brigade de Recherche et d'Intervention (BRI) et du RAID sont mises en alerte. Du point de vue de la doctrine, il s'agit d'aller davantage au contact des contestataires, au-delà d'user massivement des lanceurs de balle de défense (LBD) et de grenades de désencerclement. Le nombre d'interpellations, mais aussi de blessés s'en ressent fortement, avec près de 2 000 interpellés dont 1 700 gardés à vue pour le seul acte IV, et de nombreux éborgnés ou blessés aux mains. L'usage progressif de blindés de la gendarmerie – en plus des traditionnels canons à eau –, la dotation en fusils d'assaut ou le recours aux « voltigeurs » de la Brigade de Répression des Actions Violentes Motorisées (BRAV-M) participent également d'une mise en urgence sécuritaire, surtout à Paris. C'est aussi du point de vue réglementaire et juridique que cette logique se manifeste. Édicté peu de temps avant dans un contexte antiterroriste, l'article 222-14-2 du Code pénal est massivement invoqué lors des procédures pour justifier les interpellations. Il permet de prévenir les « intentions de regroupements » – sur la seule base d'« indicateurs de dangerosité » tels le port de lunettes de plongée. De même, les procédures de comparution immédiate se multiplient. Initialement retoquée par le Conseil constitutionnel, la « Loi visant à renforcer et garantir le maintien de l'ordre public lors des manifestations » permet, à compter du printemps 2019, la délimitation de zones centrales dans les villes où le fait de manifester est puni d'une amende de 135 €.

Cette répression du mouvement social aurait pu susciter la constitution d'une nouvelle urgence : celle de faire cesser au plus vite les violences policières. Or, l'habileté gouvernementale a consisté à médiatiser massivement la notion d'urgence sécuritaire, mais aussi à revenir sur le terrain de l'urgence démocratique. Après quelques petites concessions (moratoire sur la TICPE, désindexation des petites retraites sur la CSG, augmentation du SMIC), le président Emmanuel Macron annonce un « outil consultatif de sortie de crise » : le « Grand débat national », qui court-circuite la Commission Nationale du Débat Public (CNDP). Ce dispositif agrège nationalement les « doléances » déposées en ligne ou en mairie, lesquelles sont censées alimenter des débats organisés entre janvier et mars 2019 autour de quatre thèmes décidés par le gouvernement : transition écologique, fiscalité, démocratie et citoyenneté, organisation de l'État et des services publics. Déserté par les Gilets jaunes et inversement très investi par des acteurs dominants dans l'espace social, il permet de projeter l'image d'un pouvoir soucieux de faire participer les citoyens à la chose publique. Loin de la gestion de crise répressive qui se déroule alors, il évite aussi de délégitimer la démocratie représentative… alors que les élections européennes se profilent.

*

Ces élections vont accélérer le départ de certains Gilets jaunes, car si l'évitement de la politique autour de l'idée d'un « nous » populaire et citoyen unifié avait jusque-là prévalu, les préférences partisanes reviennent et créent du dissensus. Alors que la répression policière suscite aussi ces départs, les Gilets jaunes modifient progressivement leur répertoire d'action – manifestations « tournantes » à l'échelle départementale voire régionale, structuration *via* les « Assemblées des assemblées » – et s'arriment même à d'autres luttes pour faire nombre : mobilisation des lycéens, premier mouvement contre la réforme des retraites. L'arrivée de la pandémie de Covid-19 et sa gestion gouvernementale – confinements, passe sanitaire, obligation vaccinale – amplifient cette tendance. Certains Gilets jaunes porteront leur antagonisme vers celui qui cristallise leur mécontentement, Emmanuel Macron, autour de ces nouvelles causes.

L'urgence apparaît ainsi comme une construction sociale concurrentielle, marquée par des luttes de pouvoir spatialisées pour étendre socialement sa reconnaissance en tant que telle. Une mise en urgence peut servir à en reléguer une autre au second plan : c'est le cas de la crise sanitaire qui a succédé à celle des Gilets jaunes à compter du printemps 2020. Loin d'être objective et partagée par tous, l'urgence pandémique s'est accompagnée de contestations – du déni de la dangerosité même du virus à la critique de sa gestion gouvernementale –, mais somme toute limitées. Sans doute parce que chacun, non seulement à l'échelle nationale mais aussi globale, se sentait alors vulnérable devant le virus – ce qui n'était pas le cas pour la précarité énergétique, plus largement économique, voire climatique – la pandémie a été largement et rapidement définie comme une urgence. Elle a ainsi légitimé une gestion de crise exceptionnelle à différents égards, en plus de reléguer la contestation en jaune aux périphéries de l'agenda médiatique et politique.

Réfléchir en termes d'urgence me semble appeler et nourrir la réflexion géographique. Si l'on considère l'urgence d'abord comme un processus de visibilisation d'un fait social – on parle aussi de « construction des problèmes publics[2] » –, cela induit des modes d'appropriation de l'espace et stratégies scalaires particuliers. Je pense à l'usage des réseaux, à la perturbation des flux stratégiques, à l'occupation des lieux de pouvoir, ou au

2. Emmanuel Henry, « Construction des problèmes publics » dans Olivier Fillieule (éd.), *Dictionnaire des mouvements sociaux,* Paris, Presses de Sciences Po, 2e édition, 2020.

travail de conviction et de médiatisation *urbi et orbi*. Ce dernier point renvoie au fait que l'urgence est aussi un processus d'élargissement d'une cause, qui devient de ce fait « indépassable » et touche alors inévitablement le plus grand nombre, comme ce fut le cas du réchauffement climatique ou d'inégalités fiscales et démocratiques, de violences contestataires ou inversement policières, et enfin d'un virus. Ce second processus engage de nouveau la géographie : il dessine une extension scalaire (et temporelle) de la menace et implique une maîtrise des espaces informationnels.

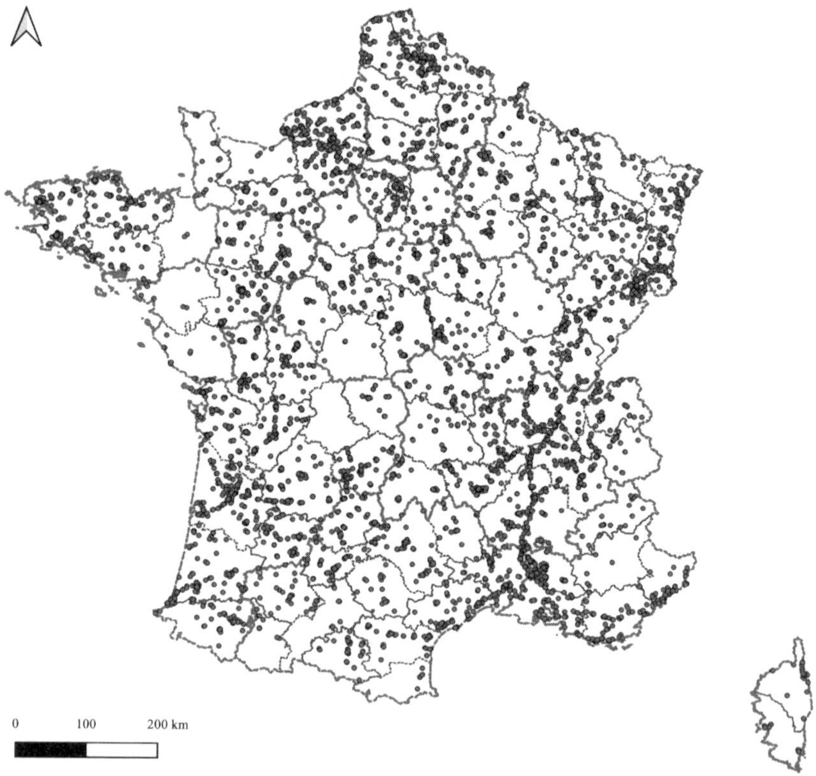

Lieux appropriés par les Gilets jaunes selon le ministère de l'Intérieur (novembre 2018 à mars 2019). Source : ministère de l'Intérieur ; réalisation : Étienne Walker

Urgence énergétique
Autour des choix de transition

Angélique Palle

Pour répondre à l'urgence climatique, plusieurs options s'offrent à la décision politique. La transition énergétique est souvent présentée comme la plus efficace techniquement et aussi la moins coûteuse politiquement. Angélique Palle décrit ici ces arbitrages, et souligne à quel point transition énergétique est synonyme de transformation sociale.

En 2011, une partie de la population de l'île de Sein, une île bretonne non raccordée électriquement au réseau national et alimentée par des générateurs au fioul, défend un projet de transition vers les énergies renouvelables éoliennes : « Île de Sein Énergie ». Elle demande pour cela une augmentation des subventions annuelles de 450 000 euros : c'est le début d'un important conflit local : EDF s'y oppose, ne souhaitant pas créer de précédent dans la délégation de gestion du financement des zones non interconnectées. Le maire et le conseil municipal s'y opposent également. Les porteurs de projet cherchent alors des soutiens politiques auprès du Premier ministre, du Parlement français et de la Commission européenne. Ils perdent leurs sièges au conseil municipal aux élections suivantes, en 2014, dans un contexte de tensions locales sur le projet. Quatre ans plus tard, en 2018, EDF présente son propre projet renouvelable d'éoliennes pour l'île, qui est alors attaqué en justice par quatre habitants de l'île avant d'être finalement autorisé par le tribunal administratif.

Lorsqu'il s'agit de répondre à l'urgence climatique, sur laquelle s'accordent désormais scientifiques et politiques, la transition énergétique arrive en première ligne. Comment cette urgence et les options de réponses possibles sont-elles formulées ? Et que disent-elles des rapports de pouvoir qui se jouent dans les trajectoires qu'empruntent les sociétés pour atténuer ce changement tout en s'y adaptant ?

Un choix politique face à l'urgence climatique

Le changement climatique est causé par plusieurs types d'activités humaines. Les auteurs du 5e rapport du groupement international des experts du climat (GIEC), publié en 2014, rappellent ainsi que « les émissions anthropiques de gaz à effet de serre sont principalement dues à la taille de la population, à l'activité économique, au mode de vie, à la consommation d'énergie, aux modes d'utilisation des sols, à la technologie et à la politique climatique[1]. » Parmi l'ensemble de ces facteurs, c'est la consommation d'énergie qui attire le plus d'attention politique et

1. International Panel on Climate Change (IPCC), *AR5 Climate Change 2014: Impacts, Adaptation, and Vulnerability*, 2014.

médiatique, qu'il s'agisse de son volet technologique, des sources employées ou des modes de sa consommation et de son partage social et économique. Le choix de l'énergie comme variable d'ajustement pour la gestion du changement climatique n'est pas neutre, il rend compte des priorités et échelles d'acceptabilité pour nos sociétés.

Pour déterminer les ordres de grandeur associés à ces sept facteurs mentionnés par le GIEC et pour en faciliter la vulgarisation, plusieurs économistes ont tenté de les mettre en équation à partir des années 1990. L'équation la plus connue et la plus utilisée est celle de l'économiste japonais Yoichi Kaya[2], qui rassemble l'ensemble de ces facteurs en quatre variables : la population (1) ; le produit intérieur brut par habitant (2) et son intensité énergétique (soit l'énergie nécessaire pour produire une unité de PIB) (3) qui servent d'approximation pour évaluer l'impact climatique de l'activité économique, du mode de vie et de l'usage des sols ; la dimension carbonée de notre production d'énergie (la quantité de gaz à effet de serre émise pour produire une unité d'énergie) (4) qui sert ensuite d'approximation pour évaluer l'impact d'une partie de la technologie, de l'utilisation des sols et de notre activité économique. Ces équations n'expliquent pas avec exactitude toutes les causes du changement climatique mais elles sont particulièrement intéressantes

2. Y. Kaya et K. Yokobori (eds.), *Environment, energy, and economy: Strategies for sustainability,* United Nations University Press, 1997.

à analyser sur le plan politique : quelles sont les variables sur lesquelles il est acceptable d'agir ?

Les trois premiers facteurs semblent être des invariables. La population est un intouchable politique dans la plupart des régimes actuels. Des politiques de réduction actives de la natalité, par exemple, soulèvent à la fois la question de la liberté individuelle, du dynamisme économique d'un pays et de sa défense. Le produit intérieur brut est, aujourd'hui encore, le principal instrument de calcul du dynamisme et de la bonne santé économique des États. Largement remis en cause dans la sphère académique, il ne l'est pas dans le monde politique où la plupart des États des Nords tentent d'atteindre le chiffre des 2 % de croissance par an et où la croissance à deux chiffres est un objectif pour nombre de pays des Suds. La décroissance reste alors hors du spectre des possibles pour les gouvernements en place qui l'associent au chômage et au déclassement économique. Enfin, l'intensité énergétique de notre produit intérieur brut et le couplage largement commenté entre croissance du PIB et consommation d'énergie ont déjà été partiellement explorés techniquement avec pour résultat la croissance de l'efficacité énergétique (produire la même chose avec moins d'énergie). La production des sociétés d'aujourd'hui étant largement fondée sur des biens matériels ou immatériels, sa consommation d'énergie rencontre des limites physiques en deçà desquelles il est difficile de descendre.

Les difficultés à faire évoluer ces facteurs sans repenser intégralement notre modèle économique et politique actuel ont poussé à concentrer les efforts sur la dernière variable : la dimension carbonée de notre production d'énergie, qui semble être le chemin de moindre résistance. Les politiques de transition énergétique qui visent à décarboner notre production d'énergie sont donc mises en avant comme « la » solution principale à l'atténuation du changement climatique. Le lien entre urgence climatique et urgence de la transition énergétique est en grande partie le fruit d'un arbitrage politique.[3]

Changer de système énergétique, c'est changer de société

Cette transition est présentée dans la majorité des discours politiques et médiatiques comme une manœuvre technologique, avant tout corrélée à des investissements financiers, véhiculant l'idée que les arbitrages et optimalités sont l'affaire d'experts techniques. La majorité de la population, elle, n'en percevrait alors qu'assez peu de choses, à l'exception d'éventuels changements paysagers, sans que ses usages quotidiens ne s'en trouvent perturbés. Pourtant, les travaux effectués en sciences sociales au cours des quarante dernières années montrent un lien

---

3. Voir le modèle EN-ROADS développé par Climate Interactive et le MIT Sustainable Initiative, accessible en ligne : https://en-roads.climateinteractive.org

systémique entre le choix des sources et des convertisseurs d'énergie d'une société et la structure de son système politique, économique et social. Ces travaux ont mis en évidence le rôle central joué par les transitions énergétiques dans les changements sociétaux à long terme[4]. Certains la considèrent parfois même comme « le facteur critique » à l'origine de ces changements.

Cette hypothèse qu'un changement de système énergétique signifie également un changement structurel pour les sociétés concernées, ouvre des questionnements sur les effets que les transitions en cours ont et auront sur nos sociétés.

L'urgence est un rapport de pouvoir

Plusieurs lignées de recherche s'attellent aujourd'hui à documenter et comprendre les changements profonds que les transitions énergétiques, encore à leurs débuts, suscitent dans les sociétés qui les entreprennent. Les géographes ont abordé la dimension politique de ces processus grâce à des approches par la gouvernance, en se focalisant sur la construction de coopérations et de

---

4. J.-C. Debeir, J.-P. Deléage et D. Hémery, *Une histoire de l'énergie : Les servitudes de la puissance, Paris,* Flammarion, 1986 ; M. T. Klare, *Resource Wars: The New Landscape of Global Conflict.* Henry Holt and Company, 2001 ; A. Malm, *Fossil Capital : The Rise of Steam Power and the Roots of Global Warming,* Londres, Verso, 2016 ; V. Smil, *Energy In World History,* Londres, Routledge, 2019.

consensus entre acteurs[5]. Le prisme géopolitique considère notamment le processus de transition comme un changement de ressource énergétique[6], par exemple le passage d'énergies fossiles aux renouvelables. Cette approche par la ressource permet d'analyser ces transformations en termes de rapports de pouvoirs entre acteurs, mais aussi en termes de jeux d'échelles spatiales[7]. « L'inacceptabilité » de certains grands projets d'infrastructures comme les parcs éoliens et les oppositions constatées, notamment de la part des acteurs locaux, aux processus de transition décidés et planifiés à des échelles nationales[8] ont remis en cause l'évidence de consensus sur les trajectoires de ces transitions.

Si l'urgence climatique se traduit, selon le pouvoir politique, par l'urgence d'une transition énergétique appelée à modifier profondément les structures de nos sociétés, le rôle des sciences sociales est de mettre au jour les rouages de ces changements de structures qui

5. S. Jaglin, Urban Energy Policies and the Governance of Multilevel Issues in Cape Town. *Urban Studies*, *51*(7), 2014.

6. *Hérodote*, Géopolitique des ressources naturelles, vol. 188, 2023.

7. C. Raffestin, R. Brunet, C. Kobler, *Pour une géographie du pouvoir*, Librairies techniques, 1980 ; M. Redon, G. Magrin, E. Chauvin, L. Perrier Bruslé, et E. Lavie, *Ressources mondialisées. Essais de géographie politique*, Éditions de la Sorbonne, 2015.

8. S. Chataignier et A. Jobert, Des éoliennes dans le terroir. Enquête sur « l'inacceptabilité » de projets de centrales éoliennes en Languedoc-Roussillon. *Flux*, *n° 54*(4), 36-48, 2003.

redessinent les rapports de pouvoir. Changer de ressources énergétiques, c'est changer la géographie des producteurs et des consommateurs. Le triangle du lithium latino-américain ou la production de terres rares chinoise, nécessaires à la production de batteries ou d'aimants permanents qu'utilisent les éoliennes, rejoignent ainsi les rangs des producteurs de ressources énergétiques. Avec eux, c'est aussi la géographie des flux de matières premières qui se trouve modifiée, tandis que la compétition pour l'usage des sols est, elle aussi, questionnée, notamment par les travaux sur l'expansion des cultures pour agrocarburants dans les Suds.

Initialement cantonné à la sphère écologiste, le discours sur l'urgence de la transition a essaimé dans les cercles politiques et médiatiques de tous bords, notamment au détour des analyses du conflit russo-ukrainien. Le rôle joué par l'énergie dans ce conflit est majeur : à l'échelle locale, l'énergie conditionne à la fois la liberté de mouvement des forces armées et les objectifs de guerre. À une échelle nationale, la campagne de frappes russes sur l'infrastructure de transport et de production d'électricité ukrainienne a ravivé les débats sur la résilience des systèmes électriques et leur caractère critique pour les économies et les populations. À l'échelle internationale, c'est l'ensemble de la stratégie européenne d'approvisionnement en énergie qui a été repensée à l'aune de sa dépendance à la Russie.

La transition énergétique est alors devenue dans les discours politiques et médiatiques une arme pour contrer la perte de souveraineté énergétique de l'Union européenne. Elle rejoint ainsi une série plus large de prises de position sur le rôle de l'écologie dans les conflits, qui vont d'un refus catégorique de tout lien entre eux à la conceptualisation d'une « écologie de guerre[9] ».

De l'engagement des chercheurs et chercheuses

La réduction de la transition écologique à une transition énergétique ne gomme ni les rapports de pouvoir qu'elle suscite ou contribue à nourrir, ni les arbitrages politiques qu'elle exige. Leur mise à jour par les sciences sociales interpelle les chercheurs et chercheuses à la fois individuellement et collectivement : comment informer les sociétés sur l'urgence climatique, sans servir de caution scientifique à des arbitrages politiques, notamment nationaux ou locaux, dont les sciences sociales ont précisément pour rôle de proposer une analyse critique ?

Sur le plan collectif, c'est l'engagement en tant que communauté académique, ou en tant que discipline, qui est mis en jeu. Il s'agit d'informer les sociétés sans complaisance sur la réalité de l'urgence écologique. On peut prendre pour exemple la controverse suscitée en géo-

9. *Géopolitique, Réseau, Énergie, Environnement, Nature*, Écologie de guerre, un nouveau paradigme, vol. 2, 2022.

graphie par le livre *Le ciel ne va pas nous tomber sur la tête : 15 grands scientifiques géographes nous rassurent sur notre avenir*, publié en 2010 sous la direction de Sylvie Brunel et Jean-Robert Pitte. Sa minimisation des effets du changement climatique sur l'environnement et les sociétés, par des membres installés de la discipline, a en effet suscité un vaste débat. Il a conduit à l'organisation en 2012 du colloque « Géographie, écologie, politique : un climat de changement », organisé en contre-pied par Denis Chartier et Estienne Rodary et qui a contribué à cristalliser les positionnements et l'engagement de la géographie française sur l'urgence climatique. Il ouvre notamment la voie au rapprochement d'une partie de la discipline avec l'écologie politique et à un courant de géographie physique critique des phénomènes qu'elle met en évidence.

Cet engagement est aussi personnel de la part des membres de la communauté académique, qu'ils soient enseignants, chercheurs, experts auprès des collectivités territoriales, des entreprises ou d'autres institutions et organismes qui prennent part à ces processus de transition. Ses formes sont très hétérogènes, elles sont aussi le reflet de la diversité des réactions individuelles face à la perception d'une urgence climatique et énergétique.

Il peut s'agir d'un engagement, à l'intérieur du champ académique, pour structurer des réseaux, décloisonner les silos disciplinaires et tourner la recherche vers de la science ouverte qui interagit plus directement avec les citoyen.es. Il passe par l'organisation d'écoles d'été où les chercheur·es se forment (« Autour du 2° », « À l'école de l'anthropocène », « Mobilités à l'ère de l'anthropocène », etc[10].) par la structuration de réseaux comme celui des Ecopols, ateliers d'écologie politique issus de l'Atelier d'écologie politique de Toulouse (ATECOPOL) ou encore par des initiatives de rendez-vous réguliers de chercheur·es comme la conférence Archipel lancée en 2022 dont l'un des objectifs est de mettre en place des transdisciplinarités entre sciences humaines et sciences de la modélisation.

D'autres ont choisi de porter leur engagement de chercheurs aux frontières de la sphère académique classique. C'est par exemple l'initiative du Collège des transitions sociétales qui vise à (dé)former les décideurs de l'action publique aux enjeux de transition dans une perspective de recherche-action. Hors de la sphère académique, des engagements individuels en tant que chercheurs et en tant que géographes existent aux deux extrémités du spectre institutionnel. Ils vont de la désobéissance civile exercée en tant que scientifique, comme la participation à la branche scientifique du mouvement Extinction Rébellion (XR-ESR en France), à la prise de postes

10. S. Mathy, O. Labussière, S. Lavorel, T. Lebel, B. Schmitt, et le collectif « Autour du 2 °C 2019 », Les enjeux de l'interdisciplinarité de la recherche et des parcours de formation sur le changement climatique : L'école d'été « Autour du 2 °C ». *Natures Sciences Sociétés*, *29*(1), 2021.

dans des institutions au cœur de la définition des politiques publiques de transition (ministère de l'Éducation nationale, ministère des Armées, Haut conseil pour le Climat, etc.).

*

Mettre au jour les rouages politiques des discours sur l'urgence de transition dans une perspective géographique et plus largement une perspective de sciences sociales, c'est engager à la fois la discipline et ses chercheurs et chercheuses. En déconstruisant les discours technologistes prédominants sur les transitions, les sciences sociales mettent en avant la nécessité d'une action politique multiple, collective et individuelle[11]. En soulignant la dimension géopolitique du choix des sources d'approvisionnement en énergie, qui impliquent toutes des dépendances, qu'il s'agisse de la Russie pour le gaz, de la Chine pour les terres rares, ou d'autres régions du monde pour d'autres matières premières, la géographie pose des questions d'arbitrage à long terme sur le choix de nos partenaires diplomatiques. En analysant par un prisme géopolitique et territorial les rapports de pouvoir à l'intérieur des sociétés lors d'un processus de transition, elle ouvre un débat sur leur caractère démocratique.

11. O. Labussière et A. Nadaï, *L'énergie des sciences sociales*. Alliance Athena, 2015.

Dans l'ensemble des parcours individuels et de ces positionnements collectifs des chercheurs et chercheuses, se joue l'engagement de la recherche vis-à-vis d'une société civile qui demande des réponses à l'urgence écologique autant que des perspectives sur un avenir commun. Cette demande crée à la fois un malaise et une ouverture, les chercheur·es ayant la responsabilité d'informer sur les choix d'avenir des sociétés, sans en préempter le caractère démocratique, ni servir de caution à des arbitrages qui demeurent des choix politiques. C'est la question d'une redéfinition du conseil scientifique aux sociétés et de son rapport au pouvoir politique qui est posée ici. L'éphémère conseil scientifique constitué, en urgence lui aussi, pendant la pandémie de Covid-19, en ayant montré à la fois les apports et les écueils, notamment en termes de pluridisciplinarité.

Dans quel état nous met l'urgence !

Michel Lussault

Et si l'urgence venait d'une « globalisation de la menace », à travers notamment nos grands ensembles urbains, qui gagnent en vulnérabilité à mesure qu'ils se complexifient ? Car aujourd'hui, tout point du globe peut être touché par une catastrophe.

En 1988, le Center for Research on the Epidemiology of Disasters (CRED), une institution internationale sans but lucratif financée par l'Organisation mondiale de la santé (OMS) et le gouvernement belge, ouvrait une base de données unique en son genre et libre d'accès : *The Emergency Events Database*, dont l'objectif consiste à recenser tout « désastre » avéré depuis 1900. Actualisée en direct, la base rassemble désormais plus de 22 000 événements classés selon un système de catégorisation précis qui sépare les désastres « naturels » et « technologiques ». Pour être pris en considération, un évènement doit comporter au moins 10 décès et 100 personnes affectées, un état d'urgence déclaré par les autorités ou/et un appel à l'assistance internationale.

Cet outil frappe par l'accumulation des faits consignés : inondations, tremblements de terre, tsunamis, glissements de terrains, explosions, incendies, accidents industriels, orages, ouragans, tempêtes, épidémies. On observe une nette tendance à l'accroissement contemporain de la fréquence d'épisodes entrant dans le « cahier des charges » du CRED. Bien entendu, cela s'explique par une plus grande capacité à déclarer un cas et à collecter les informations, mais il faut y ajouter l'incontestable augmentation des « désastres ».

La normalité de la catastrophe

La base donne ainsi de la consistance à un sentiment ressenti par tout un chacun : celui de l'entrée de notre système-Monde dans un régime catastrophique ordinaire, au sens où la catastrophe tendrait à devenir une sorte « d'exceptionnel-normal[1] ». L'idée de l'exceptionnel-normal se trouve dans un fameux texte d'un historien italien spécialiste de microstoria, Edoardo Grendi. J'utilise l'expression de manière plus littérale : un évènement dont l'exceptionnalité – ici procédant de l'habitude de toujours présenter un désastre comme une singularité – s'inscrit de plus dans une ordinarité d'un fonctionnement, celui en l'occurrence des sociétés mondialisées contemporaines. Bien sûr, on le déplore toujours mais très vite on passe à autre chose et chaque désastre devient un simple item

1. Edoardo Grendi, Microanalyse et histoire sociale, *Écrire l'histoire*, 3, 67-80, 2009.

dans une liste appelée à croître indéfiniment – comme celle produite par le CRED.

Il y a là une imagination sociale et géographique largement partagée et instituante, pour reprendre l'approche de Cornelius Castoriadis[2], au sens où elle peut fonder ce qu'une société considère comme normal, légitime, juste. Collectivement, en tant qu'êtres humains englobés dans le système-Monde, nous tendons à trouver normal que le régime catastrophique soit quotidien, habituel, et juste que nous mettions en place des moyens, comme le gouvernement de l'attention et des émotions ou la gestion du risque et de la crise, pour le contrôler et le maîtriser.

L'urgence comme parade

Une part non négligeable des énergies semble converger vers l'attracteur de la catastrophe, du désastre, de la destruction, du chaos, de l'accident, du péril, de la disparition, de la ruine. Dans ce contexte, on observe l'utilisation croissante de la rhétorique de l'urgence. Elle n'est pas liée seulement à cette surrection du catastrophique comme phénomène ordinaire. De nombreux auteurs ont montré à quel point elle se logeait au cœur même des conceptions contempo-

2. Cornelius Castoriadis, *L'institution imaginaire de la société*, Paris, Le Seuil, 1975.

raines du temps, promues par le système productif « thermo-industriel ».

Paul Virilio fut un des premiers, dans ses essais de « dromologie[3] » à montrer que la valorisation de la vitesse influait sur les conceptions de l'espace, rétréci, et sur celle du temps, accéléré. Hartmut Rosa a livré une analyse acérée de ce processus d'accélération[4] et de multidécoupage des temporalités pratiques et vécues en unités de plus en plus compressées. Alain Corbin[5] a aussi, à sa manière, analysé comment le passage à la société industrielle avait changé le rapport quotidien aux temporalités, comment la « presse », le rythme de travail, la nécessité de ne pas perdre son temps pour parvenir aux objectifs de production, ont bouleversé les conceptions de l'activité et du repos.

Mais bien sûr, l'emprise grandissante de l'urgence tient à la multiplication des événements catastrophiques et à la « globalisation de la menace », c'est-à-dire le sentiment que tout point du globe peut être touché. Avec l'entrée dans l'anthropocène, la planète elle-même serait compromise en tant que système habitable. Face à cela, dans bien des sociétés s'installe une sorte d'état d'urgence

---

3. Paul Virilio, *L'espace critique*, Paris, Bourgois, 1984 ; id., *L'art du moteur*, Paris, Galilée, 1993.

4. Harmut Rosa, *Accélération*, Paris, La Découverte, 2010.

5. Alain Corbin, *Les cloches de la terre*, Paris, Flammarion, 1994 ; id., *Histoire du repos*, Paris, Plon, 2022.

permanent, imposant des formalisations législatives et juridiques nouvelles pour coder cette situation en lois et en droit, accompagnées d'ingénieries et de technologies spécifiques. C'est notamment le cas dans le domaine de l'anticipation de la catastrophe, de la gestion de la crise et de la remédiation postdésastres : pensons aux technologies de détection de séismes, aux systèmes de diffusion d'alerte à la population via les smartphones et les réseaux sociaux, etc. L'urgence transforme les activités dans les champs social, économique, scientifique, technologique, géopolitique : de la nécessité de contrôler un « risque » microlocal à celle d'opérer la transition vers une habitation terrestre plus soucieuse de ses impacts sur les systèmes planétaires, l'état d'urgence quasi permanent s'est imposé, comme on l'a bien mesuré lors de la pandémie de Covid-19.

Une géopolitique de l'urgence

L'urgence est porteuse d'un sens géopolitique : la catastrophe s'exprime d'abord par la disruption par un agent extérieur d'une organisation spatiale et d'un fonctionnement géographique considérés comme normaux. Se protéger consiste alors à mettre en place des défenses, qui prennent la forme de procédures et de dispositifs eux aussi spatiaux. L'urgence « normale » domine les sociétés contemporaines mondialisées ; elle vise à conserver un ordre géopolitique établi – quitte à accepter des amendements aux droits, libertés, capacités, aspirations : ce qui est et ne peut pas être autrement. On nous le rabâche, il n'y a pas d'autre alternative, mantra qu'on sert même lorsqu'un désastre met en exergue l'insoutenabilité d'une situation, l'iniquité d'une société et l'injustice spatiale qui y règne.

Cet « urgentisme » reste tributaire d'une imagination dominante de la puissance : celle d'un système-Monde qui a accumulé, du fait même de la force des processus globalisés qui l'ont installé, notamment l'urbanisation planétaire[6], une puissance multidimensionnelle de plus en plus impressionnante, démographique, économique, financière, technologique, politique, culturelle. Cette combinaison des puissances s'exprime au mieux dans des fétiches géographiques, ce que je nomme les hyperlieux, et dresse les « World Cities » en milieu dominant et en référence insurpassable de l'époque contemporaine. Un tel Monde de forces et de compétitions, on ne saurait le dérouter. À en croire les acteurs économiques et politiques majeurs, il faut au contraire toujours le consolider et le développer, le protéger de ce qui peut le fragiliser, car il serait le seul à pouvoir apporter des réponses aux problèmes que les humains rencontrent. Et lorsqu'il est malgré tout frappé de destruction, il faut

6. Michel Lussault, *Hyper-lieux. Nouvelles géographies de la mondialisation*, Paris, Le Seuil, 2017.

tenter de le reconstruire – c'est d'ailleurs l'accroissement des besoins financiers de reconstruction qui met sous pression les compagnies d'assurances, les banques, les États et qui poussent ces derniers à décréter l'urgence pour minimiser les coûts.

Cet édifice de puissance n'est-il pas un colosse aux pieds d'argile ? Nous avons pu l'éprouver lors de la pandémie de Covid 19 qui aurait pu/dû nous permettre de réviser bien des conceptions standards de l'habitation. La diffusion accélérée du SARS-COV-2 a montré que le Monde (urbain) s'avérait très vulnérable à l'endommagement systémique. Cette vulnérabilité est intégrale et « hyperscalaire » car toutes les tailles de phénomènes sont concernées synchroniquement : elle s'applique à chaque individu, à chaque ville, à la Planète, elle n'est pas une menace qui vient de l'extérieur mais une condition de l'habitation humaine de la Terre.

La pandémie est ainsi venue conforter une idée inquiétante : les formes de vie sociale globalisées que nous avons instaurées semblent ne plus être vraiment sous contrôle. La crainte d'une sorte d'emballement nous saisit : comme si la force même de la mondialisation devenait la principale menace que les humains auraient désormais à affronter, une force qui pourrait altérer radicalement notre capacité à habiter la Terre. Au moment même où l'avènement du Monde comme nouvel espace social d'échelle planétaire, fabriqué par l'urbanisation, paraît flagrant, la reconnaissance de sa vulnérabilité s'impose.

Contre l'urgence, le choix de la vulnérabilité

Or il me semble que la généralisation de l'état d'urgence permanent avec toutes ses déclinaisons est une idéologie spatiale conservatrice qui sous-tend un répertoire de pratiques conservatoires de la puissance liée à la globalisation. À l'inverse, la reconnaissance de la vulnérabilité comme condition de l'habitation humaine permettrait de réfléchir à d'autres choix de cohabitation, à d'autres conceptions de la mondialité, à d'autres géopolitiques.

Mais comment cerner alors cette « vulnérabilité » ? Il s'agit de désigner deux aspects complémentaires.

1. D'abord, on peut l'appréhender comme la sensibilité extrême des organisations géographiques à « l'événement spatial », défini comme un trouble momentané ou plus durable de l'espace-temps, unique ou récurrent, qui perturbe le fonctionnement à toutes les échelles.

J'insiste : au-delà de la variété des phénomènes qui peuvent provoquer ce trouble, il s'exprime et déploie ses effets dans le champ de l'espace habité. La vulnérabilité se révèle par la perturbation de l'espace de vie et de la spatialité des habitants. La pandémie de Covid-19 en est un parfait exemple : la diffusion du pathogène a perturbé l'espace mondial et affecté les pratiques de milliards d'habitants confinés, entravés, contrôlés[7].

Les signes de fragilité du système-Monde urbanisé sont manifestes : la moindre anicroche locale peut avoir, dans certaines conditions, des effets globaux peu maîtrisables et concernant des domaines fonctionnels et des environnements spatiaux bien au-delà de celui d'origine de l'incident.

La vulnérabilité exprime donc cette sensibilité extrême des organisations urbaines, que ce soit aux catastrophes, aux accidents ou aux incidents. La sensibilité aux catastrophes est la plus évidente : elle met particulièrement en évidence les effets systémiques d'une crise, puisqu'on parle là d'évènements qui provoquent une discontinuité majeure dans le cours des choses. Il existe aussi une sensibilité aux accidents, qui exprime la fragilité face à des évènements récurrents fortement perturbants, mais ne remettant pas en cause la dynamique d'un ensemble spatial dans son ensemble. Il s'agit là d'un épisode banalement traumatique, couvert en général par l'approche probabiliste du risque. La croissance du nombre de ces perturbations ponctuelles contribue significativement à la généralisation de l'atmosphère d'urgence et met le

7. Michel Lussault, When a Virus Take Place. Some Geographical Reflection on the SARS_COV_2 Pandemic, *GeoUSP, Espaço et Tempo*, Universidad de Sao Paulo, vol. 25, n° 3, 2021 ; Id., *Chroniques de géo'virale*, Lyon, Éditions 205, 2020.

champ assurantiel en tension : les compagnies confrontées aux exigences de remboursements croissantes font pression sur les autorités pour multiplier les mesures de protection.

Mais on doit tout autant s'arrêter sur la sensibilité aux incidents qui exprime la fragilité des organisations urbaines face à l'anicroche la plus ordinaire. L'exemple type est la paralysie momentanée des transports collectifs et de la circulation à une simple panne ou à un « accident de personne » de la RATP ou la SNCF, un phénomène météorologique brutal mais non dévastateur (forte pluie d'orage, chute de neige abondante), etc. Malgré des réseaux techniques urbains de plus en plus sophistiqués et de plus en plus monitorés, pilotés par la donnée et les algorithmes, il semblerait que plus l'optimisation progresse, plus la surexposition à la moindre anicroche est notoire ; dès qu'un fonctionnement est perturbé et sort de ses rails d'optimalité, il devient rapidement inopérant par défaut de capacités adaptatives. Le système urbain manque de plasticité, et cela l'expose aux désagréments.

2. L'autre aspect consiste à voir la vulnérabilité comme l'ensemble des effets d'endommagements possibles liés à la manière dont un espace habité se déploie.

Il s'agit cette fois d'observer comment les principes mêmes de la mondialisation et les formes particulières qu'elle prend dans chaque contrée peuvent expliquer que cette fragilité soit si constante et générale. Les inégalités sociales qui caractérisent l'urbanité mondiale et la ségrégation résidentielle des populations, par exemple, ne constituent-elles pas en soi un facteur de vulnérabilité tout à la fois des sociétés et des individus ? Elles peuvent contribuer à rendre difficile la stabilisation socio-économique des familles, entraver l'accès au marché de l'emploi, aux services de base, surexposer des personnes à des dommages en raison des mauvaises conditions de vie, etc. Lorsque l'on aborde ainsi cette question, de nombreux exemples d'atteintes aux personnes viennent à l'esprit : développement sur la longue durée de pathologies infectieuses ou virales, pollution grave, malnutrition généralisée…

Ainsi, l'exaspération des contrastes entre l'accumulation des richesses et la diffusion planétaire de la pauvreté cause de nombreux dysfonctionnements graves. On aborde là une vulnérabilité différente de la précédente, mais en vérité complémentaire : celle des groupes et des individus, en tant qu'ils sont, du fait même de leurs modes d'insertion dans le système spatial, exposés de manière différente à des atteintes à leurs conditions matérielles et sociales de vie – ce qui peut nuire à l'intégrité physique et psychologique des personnes mais aussi à leurs capacités d'accès à la citoyenneté et aux biens éducatifs et de santé.

Cette fragilité des conditions d'habitation s'exprime sur le terrain social et politique, elle entretient des tensions voire des affrontements entre populations ou/et entre des populations et les autorités. Ce qui est vrai au plan social l'est tout autant en ce qui concerne l'organisation géographique des systèmes de production dont la pandémie de Covid-19 a prouvé une fois de plus, après la crise de 2008, l'extrême fragilité. L'idée même de la robustesse de l'économie mondialisée prend l'eau.

*

Tous les domaines d'activités humaines et urbaines peuvent être observés sous l'angle de leur vulnérabilité intrinsèque. On ne peut pas se protéger de la vulnérabilité (individuelle et collective), s'y soustraire fût-ce en imposant l'état d'urgence permanent. Elle fut, est et sera toujours-déjà-là, au centre même des organisations spatiales. Toutefois, les systèmes spatiaux contemporains accentuent l'emprise de cette vulnérabilité structurelle et créent les conditions de leur ébranlement et même de leur catastrophe. Ils sont construits sur des principes qui permettent tout à la fois leur empire et leur faillite. La chose est manifeste en matière environnementale : l'urbanisation mondiale a nécessité une extraction forcenée de ressources, a provoqué des émissions massives de gaz à effet de serre et a ainsi provoqué un forçage sans équivalent des systèmes biophysiques, nous menant à cette crise majeure de l'habitabilité de la Terre dont nous ressentons les premières manifestations tangibles.

Ainsi, ne devrait-on pas renoncer à une imagination dominante, qui consiste à sans cesse tenter de protéger ce que l'on croit être des organisations de puissance, via les stratégies et les ingénieries classiques et normales de prévention des risques, qui manifestement échouent à parer des désastres qu'on ne peut éviter car ils sont constitutifs de la fragilité même des espaces habités ? Ne devrait-on pas plutôt réfléchir aux géopolitiques qui permettraient d'accueillir cette vulnérabilité, pour définir et expérimenter des approches de soin collectif de nos co-habitations, entre humains et avec les non-humains ?

Présentation des auteurs

Cécile Faliès est géographe, maitresse de conférences à l'université Paris 1 – Panthéon Sorbonne.

Michel Lussault, professeur à l'ENS de Lyon.

Florian Opillard est géographe, chercheur à l'Institut de recherches stratégiques de l'École militaire.

Angélique Palle est géographe, élève et chercheure associée à l'Institut national du service public.

Magali Reghezza-Zitt est géographe, maitresse de conférences HDR à l'ENS Ulm.

Thibaut Sardier est géographe, journaliste au service «Idées» du quotidien Libération.

Étienne Walker est géographe, maitre de conférences à l'IUT Grand Ouest Normandie, Université de Caen Normandie.

Table des matières

Composition et mise en pages
Nord Compo à Villeneuve-d'Ascq

L'éditeur de cet ouvrage s'engage dans une démarche éco-responsable
en utilisant des papiers issus de forêts gérées durablement
www.cnrseditions.fr

Achevé d'imprimer en septembre 2023
sur les presses de la Nouvelle Imprimerie Laballery
58500 Clamecy
Dépôt légal : septembre 2023
N° d'impression : 307623

Imprimé en France